国家出版基金项目
NATIONAL PUBLICATION FOUNDATION

战略性新兴产业
科普读本

丛书总主编
褚君浩 院士

战略性新兴产业圆中国梦

周 戟 主编

上海科学技术文献出版社
Shanghai Scientific and Technological Literature Press

图书在版编目（CIP）数据

战略性新兴产业圆中国梦 / 周戟主编．—上海：上海科学技术文献出版社，2014.6
（战略性新兴产业科普读本）
ISBN 978-7-5439-6225-5

Ⅰ．① 战… Ⅱ．①周… Ⅲ．①新兴产业—经济发展战略—中国—通俗读物　Ⅳ．① F279.244.4-49

中国版本图书馆 CIP 数据核字（2014）第 062796 号

本书获国家出版基金、上海科普图书创作出版专项资金资助

责任编辑：陈云珍　石　婧
装帧设计：一步设计

战略性新兴产业圆中国梦
周　戟　主编
出版发行：上海科学技术文献出版社
地　　址：上海市长乐路 746 号
邮政编码：200040
经　　销：全国新华书店
印　　刷：上海中华商务联合印刷有限公司
开　　本：720×1000　1/16
印　　张：12.5
字　　数：185 000
版　　次：2014 年 6 月第 1 版　2014 年 6 月第 1 次印刷
书　　号：ISBN 978-7-5439-6225-5
定　　价：58.00 元
http://www.sstlp.com

战略性新兴产业科普读本

丛书编写委员会

PREFACE | 序言

经过各位作者和编辑的辛勤劳动，“战略性新兴产业科普读本”丛书和读者见面了。当前科学技术和产业发展表明，新一次工业革命正在悄然发生之中，这一波浪潮将主要波及新兴产业领域。在当前创新驱动转型发展的关键时期，了解和把握战略性新兴产业的背景、内涵及有关知识，有利于促进新兴产业的发展，有利于加深对新一次工业革命态势的认识，从而确保在新工业革命到来之际，能够把握先机，抢占新一轮科技经济发展的制高点。

从世界历次工业革命的规律及其对经济社会发展的影响出发，根据当前新工业革命发生的科技和经济社会背景，以及国际上的分析，当前人类迫切需要解决的问题和现实需求，以及对未来生活的美好期望，将是第三次工业革命的驱动力。新的工业革命是以半导体物理带动微电子技术新发明、从而激发信息科学技术高度发展为基础，以信息技术和物质科学技术的深度融合为特征，并由能源科学、工程科学、材料科学、生物科学等一系列学科的科学发现与技术发明多轨并行、交叉推动。第三次工业革命将实现新一代信息技术高度发展，并与新能源技术、智能化体系构建技术、先进制造技术和生物技术等的深度融合，推动能源互联网、智能化复杂系统和信息化数字制造技术的新兴产业发展，实现以建设数字地球、智慧地球、低碳地球和绿色地球，实现可持续发展为目标的新兴产业革命性发展。

战略性新兴产业是新一次工业革命的若干具体发展方向，是发挥产业引领作用的关键。为了应对新工业革命，国务院发布了《关于加快培育和发展战略性新兴产业的决定》，制定了七个领域的新兴产业发展规划，这七个领域就是：节能环保产业、新一代信息技术产业、生物产业、高端装备制造产业、新能源产业、新材料产业、新能源汽车产业。

本丛书系统地介绍了这些新兴产业的发展轨迹和知识内涵，讨论了新兴产业和科学技术、社会经济发展的关联性，讨论了发展新兴产业的途径，探讨了新兴产业发展的未来图景。同时，也宣传一些发展理念，强调了加强基础研究和核心技术研发的重要性，要奏好“科学发现”—“技术发明”—“产业发展”三部曲，需要培育创新环境、构建基于核心技术创新联盟的产学研合作体系，搭建面向新工业革命的共性技术研究平台，推动技术创新浪潮；需要构建未来产业培育体系，引导产业创新；需要推动适应新工业革命需要的机制体制建设，建立新工业革命促进机构，创新人才工程，提高知识产权保护效率，推动以风险基金为主的科技金融体系建设；需要加强创新文化建设。

本丛书努力以晓畅的通俗语言、严谨的逻辑结构、丰富的感性资料、周密的分析推理，展现战略性新兴产业的概貌。希望对普及战略性新兴产业的相关知识能够有所助益，同时也希望得到广大读者的建议和批评。

2014 年 6 月

FOREWORD 前言

什么是"中国梦"?

习近平总书记为中国梦下了定义:"实现伟大复兴,就是中华民族近代最伟大的梦想。"

回顾5000年中华文明史,秦皇、汉武、唐宗、宋祖曾经辉煌一时。在农耕时代,中国曾以世界上头号富强大国"独领风骚"达1500年之久。16世纪以前,影响人类生活的重大科技发明约有300项,其中有175项是中国人发明的,如农耕、纺织、冶金、手工制造技术等,这使中国长期处于世界前列。

18世纪,蒸汽机的出现,及其在工业上的广泛应用,使英国率先进入了工业时代,其殖民地遍布全球,成为"日不落帝国"。第二次世界大战以后,美国率先抢占了信息产业的制高点,一跃成为世界头号霸主。由此可见,产业是社会生产力基础,在社会的主要产业方面,谁优先发展,谁就是世界的领头羊、火车头,就是世界上的"No. 1"。

那么,在知识经济时代,什么产业才是社会的主要产业?我国《战略性新兴产业十二五发展规划》中提出新兴产业群,它们是:新一代信息产业、新能源产业、高端装备制造业、生物产业、新材料产业、环保产业和新能源汽车产业等。在新兴产业群高速发展期间,谁能抢占制高点,谁就是"金牌"得主。

不过,社会是个复杂的大系统,要使中国梦成真,不是靠新兴产业单枪匹马就能奏效的,需要经济、政治、文化、社会、生态"五位一体"的均衡发展。而在这“五位一体”中，新兴产业是基础，是技术和物质的保障。

我们行进在圆中国梦的大道上，中国梦的内涵有三项基本内容：民富国强、民族复兴和人人幸福。

民富才能国强。国强是民富最根本的安全保障，而民富则是国强的内生动力。新兴产业的大发展，将使社会物质财富增长，将为民富国强提供坚实的物质基础。

怎样才算民族复兴呢？当人类社会进入工业社会后，中华民族是落后的。民族复兴就是要从追赶到融入再到引领世界潮流。当前和未来的世界潮流，除了继续发展经济，就是克服地球环境危机，建设“美丽地球”。而建设“美丽中国”就是为建设“美丽地球”树立样板。

“中国梦”是以人为本，怎样方能使人人幸福？当新兴产业，尤其是机器人产业大发展后，解放了人员劳动力，使人们都能在知识生产的工作岗位上，自由地选择、创造。当一个人满足了“自我实现”的需求时，他会感到自由、幸福。

为什么新兴产业会有如此大的威力？看完本套丛书，你就会惊讶地发现，原来新兴产业能使“天方夜谭”变成现实。更令人兴奋的是，中共十八大报告提出了“两个一百年”的目标：在中国共产党成立一百年时全面建成小康社会，在新中国成立一百年时建成富强、民主、文明、和谐的社会主义现代化国家。中国梦将梦想成真。

本书在写作过程中得到雷宗友先生、沈叔云先生、潘建鹏先生、吴沅先生、周敏女士、胡隆章先生、胡嘉雄先生的帮助，特此致谢！

CONTENTS | 目录

战略性新兴产业圆中国梦
ZHANLUEXING XINXING CHANYE YUAN ZHONGGUOMENG

解读中国梦

中国梦的内涵

为什么大力发展新兴产业就能圆中国梦？这里首先需要了解中国梦的内涵。

对于中国梦的内涵，习近平总书记提出了三句话：民富国强、民族复兴和人人幸福。这三句话是习总书记对中国梦的顶层设计，其中包含了极为丰富的内容有待展开。首先需要有较为具体的目标。笔者认为，中国梦高标准的目标是：民富国强，社会物质财富极大丰富；要达到民族复兴，就应成为建设美丽地球的榜样——率先建成美丽中国，才能得到世界各民族的尊敬，建成像祖先期盼的"天朝上国"。而要使国民人人长久地幸福，就要创造条件，使人们都能在创造性的工作岗位上自由选择，以实现自己的人生价值。

华表

民富国强

怎样才算民富国强?

“民富国强”是中国梦的物质基础,也是中华民族伟大复兴的主要标志。

民富才能国强,国强是民富的根本保障,而民富则是国强的内在动力。所谓“民富”,就是人民有更好的教育、更稳定的工作、更满意的收入、更高水平的社会保障、更优质的医疗卫生服务、更舒适的居住条件和更优美的环境。而国强,就是要提升国家的经济实力、科技实力、文化实力、防灾抗灾实力、国防实力和国际地位等。

如何才能达到民富国强?简单说来,只要社会物质财富极大丰富,人民生活富裕,国家各方面的实力就可以提高。社会物质财富极大丰富,是人类千百年来梦寐以求的目标。当各项新兴产业大发展后,就能实现社会物质财富极大丰富。

天坛祈年殿

民族复兴

民族复兴是指我们要恢复中华民族祖先的荣耀和国际地位。那么，在现代这个新的历史时期，怎样才算是民族复兴？

1949 年中华人民共和国成立之初，有一句振奋人心的口号，就是“中华民族要自立于世界民族之林”。六十多年过去了，中华民族在坎坷中前进，中国已成为世界第二大经济体，显然我们已完成了“自立于世界民族之林”的任务了。

那么，今后要“民族复兴”就应该提出更高的目标，这个目标决不是在国际上称霸，更不是耀武扬威，而是要干实事，要为人类作贡献，要引领人类社会发展的新潮流。这新潮流就是“共建地球村”，地球是人类共同的家园，共建地球村是人类共同的任务。在共建地球村的伟业中，中华民族要当“领头羊”，要树样板——建设美丽中国，才能得到世界各民族的尊重。到那时，当代的炎黄子孙才算完成了民族复兴的任务。

要建设美丽中国，更需要以新兴产业为手段。

共建地球村

人人幸福——从事创造性工作

近年来，人们热衷于讨论“幸福指数”，而幸福指数只是测定民众对当前生活的满意程度。但人们的幸福感是随着需求层次的升级而变化的，今天觉得幸福了，不一定今后会一直觉得幸福。

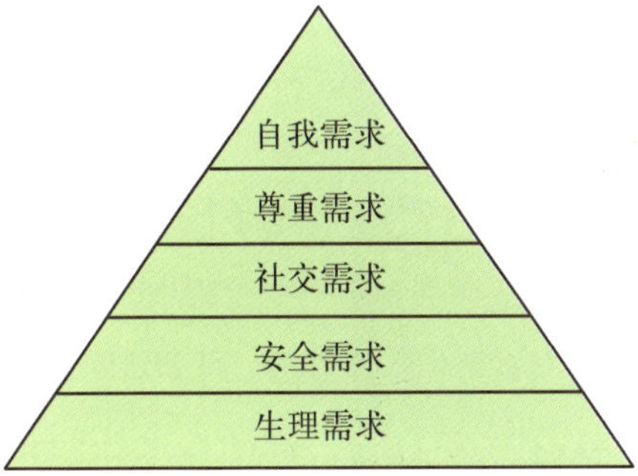

马斯洛的需求层次理论示意图

从马斯洛的需求层次理论来分析，人的需求分为五个层次：生理需求、安全需求、社交需求、尊重需求、自我需求。自我需求即“自我实现的需求”。“自我实现”是人最高层次的需求。所谓自我实现，就是体现自己的人生价值。如果能创造条件，使人人都有体现自己人生价值的机会，应该就可以说，是高标准地达到“人人幸福”的境界了。

怎样才能创造让人人都有体现自己人生价值的机会呢？人的最高欲望是创造欲，若人人能在创造性的工作岗位中自由选择，以体现自己的人生价值，那么他就是一个自由幸福的人。

2049 年梦想成真

中共中央提出，到 2049 年，新中国成立一百周年之际，中国梦要梦想成真。现在离 2049 年还有 35 年。用 35 年时间，要实现社会物质财富极大丰富、建设美丽中国、人人从事创造性工作，这有可能吗？可能！至少是应该达到初见成效。因为新兴产业是圆中国梦的技术手段和社会生产力基础。而新兴产业是高速增长的，到 2049 年，各项新兴产业的发展将进入全盛时期，这就是圆中国梦的基础保障。

焊接机器人

新兴产业是社会生产力的基础，要圆中国梦还需要有相应的社会上层建筑，那就是：中国道路——中国特色的社会主义；中国精神——奉献精神（志愿者精神）；中国力量——集体主义力量。

战略性新兴产业圆中国梦
ZHANLUEXING XINXING CHANYE YUAN ZHONGGUOMENG

社会物质财富极大丰富

社会物质财富极大丰富的标准

社会物质财富极大丰富，是人类千百年来梦寐以求的目标，也是圆中国梦的物质基础。这里首先要说明的是：所谓“社会物质财富极大丰富”只是一个相对的概念，极大丰富的物质产品，是指能满足人们生产、生活基本需求的大宗产品的极大丰富，而不是“想要什么就有什么”，因为对于贵重物品、奢侈品和其他稀缺物品是不大可能达到“极大丰富”的。

这里我们来大致确定一个具体的数据，就是说国民的平均工资和人均纯收入达到怎样的水平，才算社会物质财富极大丰富？

据报道：2012 年，我国城镇职工平均月工资为 4134 元；城镇居民人均年纯收入为 24565 元，比上年实际增长 9.6%；农村居民人均年纯收入为7917元，比上年实际增长 10.7%。

假设国民的平均生活水平能提高 10 倍，也就是说，城镇职工的平均月工资达到 4 万元，是不是就可以说社会物质极大丰富了呢？我想若不是奢侈浪费和过度消费，月工资 4 万元应该说是绰绰有余了。

如果按以上标准来衡量，只要国民的收入水平保持年均增长 10%左右，那么再过 26 年，国民的生活水平就能提高 10 倍；而再过 35 年，到 2049 年，就可以增长 25 倍之多！（因为人均工资是按几何级数增长的）。这时，人均月工资可达到 10 万元，应该就可以说达到了社会物质财富的极大丰富。

为此，我国即使按当前的经济发展速度发展，再用 35 年时间，达到社会物质财富极大丰富已经是唾手可得的事了。但是如何保证今后 35 年内人均工资都能按每年 10%的速度增长？要知道工资的基数越高，则增长得越慢。这就要靠新兴产业的大发展了。当新兴产业群大发展，尤其是机器人产业的大发展，将加速物价的下降。那就不用 35 年时间，就能达到社会物质财富的极大丰富。

要说明新兴产业的大发展，能使社会物质财富极大丰富，首先需分析社会物质产品是怎样得来的。

生产物质产品的三要素

任何物质产品的生产，从原始人的石器、陶器，到现代的计算机、航天设施等，都离不开资源、技术和劳动力。为此我们把资源、技术、劳动力称为生产物质产品的三要素。

以最原始的最简单的石器制造为例：原始人打造石器，首先要有石料，这就是“资源”；然后，怎样打造石料才能成为合用的石器，这就是“技术”；最后，要有掌握了技术的劳动力去打造石料，便生产出了石器。

以后，人们生产出的物质产品越来越复杂，越来越高级，但都离不开资源、技术、劳动力三要素。只不过是资源的品种越来越多；技术的难度越来越复杂；劳动力的水平越来越高而已。

自然资源是基础

尘世间的任何一件物质产品，其源头都是取自自然界：食物类的产品主要来自生物界，而非食品类的物质财富则主要来自无机界。读者不妨对看得到、想得到的物质产品追根溯源地思考一番：餐桌上的食品大都是从地里种出来，以及养殖场养殖的，或者是江河湖海里捕捞或养殖的；家具的原材料是木材，来自树林；交通工具、家用电器、机械设备等的原材料大都是矿产品。

“巧妇难为无米之炊”，没有自然资源就没有任何物质产品，因此，自然资源是物质生产的基础。

怎样把自然资源加工制造成物质产品，就需要有技术和劳动力了，而其中技术是关键。

技术是关键

“科学技术是第一生产力”，说的就是在物质生产过程中，技术是关键。

把茹毛饮血的原始时代与当代文明相比，地球上的自然资源变化不大；而作为主要劳动力的人类的体能体力，也没有很大的变化，因此，人类文明的多次层次态的升级，靠的就是科学技术。当人们掌握了农耕技术，人类文明便进入了农业时代；钢铁、机械、化石能源的应用，把人类文明推进到工业时代；而计算机的发明和应用，又使人类社会跃进到信息时代。

当前正蓬勃发展的新兴产业有新能源产业、机器人产业、高端装备制造产业、新材料产业、新一代信息技术产业、生物产业、节能环保产业、新能源汽车产业等。当这些新兴产业群发展成熟后，人类社会便进入了知识时代的全盛时期。

在知识时代的全盛时期，社会物质财富之所以极大丰富，就是由于劳动力用科学技术把各种自然资源转化成物质产品的缘故。因此，物质生产三要素中，技术是关键。但是在物质生产过程中，如果只有自然资源和技术，还是不能生产出物质产品的，必须有掌握了技术的劳动力来掌控生产的全过程，物质产品方能被生产出来。

劳动力是主体

在物质财富生产过程中，劳动力是导向和主体。这里，劳动力应包括智力劳动力和体力劳动力。

首先，生产的目的性是由人掌控的，也就是说，生产什么物质产品，以及物质产品的整个生产流程是由人设计的；其次，生产技术也是由人发明的；最后，在物质生产的各个工艺过程中，都要由人付出脑力和体力劳动，方能把物质产品生产出来。所以说，在物质生产过程中，劳动力是主体。

社会物质财富极大丰富，不仅是指物质产品很多很丰富，更重要的是物质产品的价格要很便宜，才能使人人都买得起用得起。怎样才能使社会物质产品又多又便宜呢？这就要有免费的自然资源；人们可以共享各种免费的核心技术和大量不领工资的廉价劳动力。这三个条件初初听来像是天方夜谭，但当新兴产业大发展后，便都能达到。

自然资源

“社会物质财富极大丰富”是人们的妄想还是有可能达到的目标？为什么千百年来，人们始终未能达到该目标？

笔者认为，这不仅是可能达到的目标，而且由于新兴产业的大发展，使之成为即将达到的目标，因为它的基础是：大自然所提供的自然资源是免费的。

大自然免费供应自然资源

大自然是慷慨的，它给人类提供了免费的自然资源。虽然人们要缴“资源税”、“土地税”等，但这是向政府缴纳的税金，而政府收这些税，是取之于民，用之于民，并没有缴付给大自然。

自然资源是免费的，虽然这是无可争议的事实，只是人们对此却习以为常，熟视无睹。正像人们并不在意人人无时无刻都承受着地心引力和大气压力一样。但正是由于自然资源是免费的，才使社会物质财富极大丰富成为可能。

自然资源的有限与无限

人们对地球资源的认识，经历了从无限到有限的过程。在农业时代，社会生产力水平低下，人们对自然资源加工制造的能力极为有限，为此，相对来说，人们认为自然资源似乎是无限的。进入工业时代后，人们学会了利用能源、设备来开发自然资源。在工业时代的初期，人们的意识中，仍认为地球资源是无限的。

由于工业时代的初期，技术水平处于低级阶段，浪费和污染不可避免。人们对矿产乱开乱挖；工农业的污水、废水随意排放到江河湖海；大气污染使地球升温；垃圾包围城市……

20世纪60年代起，人们终于发现原来自然资源是有限的。照此发展下去，化石能源和矿产即将用完，同时，自然界对三废污染的容忍度也是有限的。因此按工业时代的生产水平来考量，用落后的生产技术来生产，自然资源就是有限的。但是当新兴产业大发展，应用高新技术加工制造产品，自然资源就会从有限向无限发展（这里所说的“无限”只是相对于人们的需求而言，不必担心自然资源不够用）。

在未来的知识时代，地球资源又会从有限向无限发展，因为随着科学技术的进步，地球资源会不断扩大，甚至趋向于无限。

潜在资源与现实资源

资源是指可以被人类使用的自然物，它有两层含意：一是该自然物在地球上的总储量，但这并不代表现实的资源，它们只是潜在的资源；二是这些自然物具有的丰度和凝聚度，足以使人类获得该资源所得到的价值大于由此而付出的代价。人们获取资源需付出一定的代价，如开矿、开荒、引水灌溉等都要付出一定的人力、物力、财力。当自然物较富集，获取时付出的代价较小，即该自然物值得开采，才能算作是资源，也就是现实的资源。

这里的关键是“获取该自然物所付出的代价”。该“代价”就直接与科技水平有关。当科技水平低下时，付出代价就高，甚至不可能开采；当技术水平提高，获取自然物的代价就相应下降。以海洋资源的开采为例：在深海的海底，有着许多宝贵的资源，如锰结核矿和深海的海沟中有着富含金银的矿藏，但人们难以到深海的海底去作业，因此，深海的海底资源就难以开采。当海底作业的技术水平提高，以及水下机器人等高端装备制造业大发展后，获取深海的海底资源就成为可能。

正因为地球资源分为潜在资源和现实资源，以工业时代的生产力水平来衡量，现实资源确实是有限的，但地球上的潜在资源实际上是趋近于无限的。当新兴产业大发展后，就可以把几乎是无限的潜在资源转化为现实资源，这样自然资源就会从有限向无限发展了。

新兴产业开发自然资源

人们在生产、生活中所需的自然资源，主要有：能源、淡水、矿产、土地和生物资源等。

能源

地球上能源的有限与无限是最为典型的例子。当前新能源产业的发展，使能源正在从“有限”向“无限”转化。地球上能源的储量若以煤炭、石油、天然气等矿物燃料能源来看，不仅是有限的，而且确实所剩不多了。太阳能、地热能以及核聚变能的储量相对于人类的需求来说，几乎是无限的；另外，风能、生物质能、海洋能等虽然不能说是无限的，但也具有巨大的潜力。一旦开发太阳能、地热能、核聚变能的技术成熟，那么人类就有了取之不尽、用之不竭的无污染能源了。

目前来看，太阳能发电、风力发电等新能源虽然已经开始产业化应用，但价格偏高（这是新兴产业起步阶段的普遍情况），因此新能源暂时还不可能大规模地取代煤炭、石油和天然气。在此“青黄不接”之际，节能和提高能源利用率就成为必须。

淡水资源

地球上水资源的储量相对于人们的需求，几乎是无限的。汪洋大海中的海水若是做成一条“水被”，盖在地球表面，平均可达将近 3000 米深，但海洋中的水都是咸水，在人们的生活和工农业生产中都不能使用。而在地球上的淡水资源只占总水源的不足 3%，而可以被应用的淡水又只占其中的一小部分，且分布不均匀，加上人们对淡水资源的污染，使全球有 15 亿人生活在缺水的环境中，而我国也是一个缺水的国家。

那么淡水资源怎样才能从有限向无限发展呢？那就要依靠能源了。一

光伏电站

旦人们掌握了廉价获得太阳能等新能源技术后，就可用淡化海水的方法，从海水中提取淡水。目前，人们已经掌握了二十多种淡化海水的方法，有用蒸馏的方法获得蒸馏水（淡水）；也有用膜材料过滤海水以获取淡水等。但这些方法大都需要消耗大量的能源，由于能源的价格尚贵，使淡化水的成本偏高。一旦能源大幅度降价，诸多海水淡化技术的实用性就可大为提高，海水就会转化成人类可利用的淡水资源。

但在目前，用淡化海水的办法来获取淡水资源的比例还较小时，节约用水和充分利用现有的淡水资源就是当务之急。充分利用现有淡水资源最有效的途径就是兴修水利、开发地下水和防止对淡水资源的污染等。

矿产资源

地壳由岩石组成，根据对岩石化学成分的分析，发现地壳中有九十多种化学元素，其中：硅占 28.15%，铝占 8.23%……占地壳总重 4.63%的铁有多少呢？约有 2.3×10^{10} 亿吨，是现在已探明铁矿储量（3500 亿吨）的 600 万倍。除了在地壳中含有大量的各种矿物元素外，在海水中化学元素的含量也是巨大的。但不论是地壳中或是海水中的元素(除已探明的矿床外)都只是“潜在的”资源,欲使之成为可利用的资源,都存在如何使之富集的问题。如海水中虽然有 1400 万吨金,但每升海水中只有 0.000 004 毫克的金,怎样提炼?这里就有技术问题。

地球上的矿藏,有许多是目前看来没有开采价值的贫矿。欲进一步在地壳中开采贫矿,必须提高采矿、选矿的技术。

其实,当高新技术真正普及使用后,人们更多地将着眼于已开采矿物资源的循环使用和充分利用。为了要消除废渣和垃圾,防止环境污染,人们已在着手废渣和垃圾的回收工作。那么为了使矿物资源循环使用,就更有必要做好废物和垃圾的分类和回收利用工作。

当人们的环保意识、资源意识加强,当垃圾管理、垃圾回收技术进一步提高,那么资源回收率必然随之增加。资源回收率上升,对新开发资源的需求就相应地下降。新开发资源只用于弥补回收率的不足及生产发展的需要。

智利的丘基卡马塔铜矿

这样，仅凭目前已探明的矿产资源，就可大大延长使用年限，何况还有那么多待开发的潜在资源。再由于新兴产业水平的不断提高，待开发的“潜在资源”还会源源不断转化为现实资源，因此从这个角度来说，地球上的矿产资源是用不完的。

土地资源和空间资源

土地资源对人类的意义是提供生存空间，如农业用地、城市用地和交通运输用地等。全世界的土地面积是149亿万公顷，而地球上适合于人们生活和农业生产的土地大约最多只有32亿万公顷，而可耕地只有13.7亿万公顷，其余大部分的陆地为沙漠、荒山、荒原、冰原等不适于人类生活的地带。

纳米布沙漠

当前土地资源的短缺主要反应在可耕地不足，土地沙漠化以及城市、交通运输、水利设施等与农业争地，使可耕地更为减少。人口增长与可耕地缩减的矛盾日益尖锐化。

新能源和机器人产业的发展，同样会缓解土地资源短缺的矛盾。未来当淡水资源从有限向无限转化后，不仅土地沙漠化不会继续发展，而且可以把地球上的沙漠、荒漠，改造成米粮川。有了廉价机器人和新能源，开发荒山、荒原就成为可能，又可增加许多土地资源。

当人们掌握了机器人劳动力、新能源，再加上新材料，就可向立体空间发展，可兴建立体城市和地下城市，还可向海洋空间和海底发展。当然，更进一步是向宇宙空间发展，开发月球村和太空城市，以及向火星、金星等太阳系行星进军等。宇宙空间是无限的，因此，从广义的角度看，高新技术的发展，将使人类的生存空间，从有限向无限转变。

生物资源

生物资源来自地球的生物圈。显然，地球上的生物圈不仅是有限的，而且还要维持生态平衡。那么为什么说新兴产业大发展后，生物资源也能无限化呢？

与生物资源有关的新兴产业主要是生物产业。生物产业具有两大优势，一是可充分利用生物几何级数增长的规律；二是基因工程的优势。正是这两大优势，可使生物资源无限化。

所有的生物都具有几何级数增长的特性，而且都有向无限化发展的趋势，只是由于生态平衡的相互制约，使自然界里所有的生物都不能实现无限的增长。

而生物产业就可以创造条件，让人们需要的某些生物（如提供蛋白质的微生物）按几何级数快速地增长，直至增长到人们需要的数量。这就是现在已经产业化生产的人造食品。

林业资源

新兴产业把自然资源制成物质产品

把自然资源加工制造成物质产品，需要技术和劳动力，人们用技术和劳动力来加工制造自然资源，才能使之成为物质财富。

社会物质财富

社会物质财富是指人们生产、生活中所需的所有工农业产品。人们生活中衣、食、住、行、用等所需的各种消费品，包括食品、衣着、住宅、交通工具、家用电器等都是物质财富。另外，在生产中所需的能源、设备、原材料等工农业产品也是物质财富，或者说它们是生产物质财富的物质财富。

人们是如何把自然资源加工制造成各种物质财富的呢？

大致的步骤是：首先要向大自然索取，这属于开采自然资源的生产过程，就是所谓“上游产业”；然后把自然物加工制造成各种材料和原料；用材料

汽车烤漆生产线上的机器人

制造设备；最后是由能源、设备对原料进行加工，便生产出琳琅满目、多种多样的物质产品。如汽车生产，先要采矿、选矿，然后冶炼、轧制，得到各种金属材料，以及用其他方法制造出许多种非金属材料。然后，用机床、自动机和机器人对各种材料进行加工，得到所需的汽车零部件，再经过装配，便完成了汽车生产的全过程，得到了成品的汽车。

总之，把自然资源加工成物质财富，一般都需经过三个步骤：一是向自然索取；二是把取到的自然资源加工成原材料；三便是把原材料制成物质产品。在此过程中，新兴产业将起极大的促进作用，使得社会生产出丰富多彩的产品。

向自然索取——开采自然资源

人们向大自然索取的自然资源在工业生产中，主要有能源、淡水资源和矿产资源等，而农产品则主要是从土地中收获的。

能源

在工业时代，能源主要是指煤炭、石油等化石能源。这些能源是用采矿、开采油井的方法获得的，但这些能源不仅污染环境，而且确实是有限的。

而新能源产业中的太阳能、风能、生物质能、核能、地热能、海洋能等就不能用采矿的方式了，而是需要一系列新技术、新材料、新设备，如太阳能电池（光伏电池）、风力发电机、核能发电设备等。新能源产业的大发展，将提供给人类取之不尽、用之不竭的清洁能源。

淡水资源

地球上淡水资源奇缺，但大海中有的是水。向大海要淡水，必须发展海水淡化产业。而淡化海水，首先需要有能源，还需要有使海水淡化的膜材料和海水淡化设备等，而这些也都属于新兴产业。

矿产资源

矿产资源是通过采矿、选矿而得到的。采矿和选矿是工业时代较为成熟的产业，但如果要提高生产率，并安全生产，就需要用自动化和“无人下矿”的方式开采。这就需要新的采矿工艺和采矿设备，包括采矿机器人，而这些都属于新兴产业中的高端装备制造业。

生物资源

民以食为天，粮食、油料作物等主要都来自耕地。如何从有限的耕地上种出越来越多的农产品，就要靠生物产业了。一是靠生物技术提高产量和质量；二是向海洋要食物；三是由微生物制造食品。

绿色食品 从土地上种出来的无污染食物称为绿色食品。用生物技术提高绿色食物的产量和质量，其潜力是巨大的。

海洋食品 海洋食品又称蓝色食品。人们对海洋的开发虽然已有些时日，海洋养殖业和种植业已有所发展，但还只是小打小闹。总体上看，人们对海洋的利用仍相当于在陆地上以狩猎和采集为主的“原始农牧业”状态。一旦海洋开发达到海洋养殖和种植业在海洋中遍地开花之时，那时占地球表面积70%的海洋就能成为人类真正的大粮仓了。

微生物食品 微生物食品又称白色食品。微生物都是核酸和蛋白质的实体，大都是单细胞生物。用发酵法生产这些单细胞微生物，就可以得到极为丰厚的单细胞蛋白。微生物单细胞的繁殖速度惊人，一头体重500千克的牛，每昼夜只能合成0.5千克的蛋白质；而500千克的活菌体，只要有合适的条件，在24小时内，能够产出1250千克的单细胞蛋白质。用单细胞蛋白质可以制造人造肉、人造鱼和人造面粉等食品。

材料和原料生产

材料和原料生产是物质产品的生产过程中不可或缺的中间环节。因为只有把自然物加工制造成各色各样的材料和原料，方能制成产品。

在工业时代，顶大梁的是金属材料，其中以钢铁材料挂帅。其后，各种功能材料大发展，如半导体材料、功能陶瓷材料等。有了这些材料，有了计算机，也就迎来了信息时代。

除了功能材料，原来较为成熟的各种受力的结构材料也向更强、更轻、性能更全面的方向发展，如稀土元素的应用，大大提高了金属材料的性能；高分子聚合材料（塑料等）、新型陶瓷结构材料和各种复合材料的大发展，为各项高新技术和新兴产业提供了物质基础。

各种新材料，如半导体硅材料不仅是制造计算机的关键材料，还是制造太阳能光伏电池的主要材料；各种动力电池的研发，是开发新能源汽车的核

新能源

心；多种膜材料的生产，便可大力发展海水淡化产业和污水处理产业；各种高强轻质合金是研发太空装备的必须。

设备制造

生产物质产品，要用材料制造设备，然后才能用能源、设备和原材料生产出各种产品。在工业生产中，能源、材料、设备缺一不可。

进入信息时代后，人们要上太空揽月，要下五洋捉鳖，就需要能上天、下海的高端装备；要提高劳动生产率，解放人员劳动力，要使物质财富极大丰富，更需要有高性能、多样化的自动机和机器人，这些也属于新兴产业。

人类使用设备经过了三个层次：工具、机器、自动机和机器人。在农业时代，工具是单纯地由材料（物质）制成的，如各种农具和简单的运输工具。在那时，简单的机械是以人力或畜力为动力的；蒸汽机的发明开启了工业时代，在工业时代，各种机器被大量使用。机器是由能源推动的工具，它是物质与能量的组合；而机器人由电脑（信息）加机器组成，因此它是由物质、能量、信息三要素构成的。计算机的研发和应用使人类社会进入了信息时代。在信息时代和其后的知识经济时代，机器人和自动机将成为主要的生产设备。

新兴产业使物质产品价格便宜成为可能

“社会物质财富极大丰富”是指物质产品既丰富又便宜。

大自然提供自然资源，新兴产业开发出一系列高新技术。然而要把自然物加工制造成物质产品，还需要有劳动力来使用技术。这里，使用高新技术需要付“专利费”，而使用人员劳动力则是要付工资的。

研究开发高新技术，需要投入大量的人力、物力、财力，而且是风险投资。为收回高新技术的研发成本，使用高新技术就需要付“专利费”。所以在新兴产业开发的初期，巨额的专利费使新产品的成本大为提高。但是“专利”是有期限的，一般发明专利权的期限是15～20年；实用新型专利权的保护期一般为10年。也就是说，只要过了10～20年的专利保护期，再使用该项高新技术，就不需付专利费了，这时的高新技术就成了可以共享的免费核心技术。

然而，即使过了专利保护期，使用人员劳动力还是要付工资的。政治经济学的先驱李嘉图指出：“产品的价值等于工资加利润。”一般认为，生产出物质产品需要消耗原材料、能源、交通运输、设备折旧、生产管理、技术专利、劳动力成本和利润等多项费用，因此产品的价值应该是多项费用的综合，为什么能简化到只有工资加利润这两项呢？

仔细分析，原来正是由于自然资源是免费供应的，因此，只要对自然物投入劳动力，便能得到原材料、能源、设备、交通设施等，因此，以上诸项费用都能归结为工资加利润；至于生产管理和技术专利等，是属于智力劳动力的投入，也是工资加利润可以概括的。为此，就可以把产品价值的多项要素简化为劳动力加利润了。这样看来，当产品中所需人力工资的比重较高时，产品就贵了。

产品的价值等于工资加利润。利润的“弹性”较大，主要用于缴纳税金和企业的扩大再生产。假设暂且不考虑利润，那么就可以说，产品的价值就是用于付工资的。如果产品在整个生产过程中都不必付工资，那么该产品的价

工业机器人

格便趋近于零了。哪里去找不要工资的工人？有！机器人就是不领工资的劳动力。用不领工资的机器人和自动机来取代需支付工资的人员劳动力，产品的价格就会大幅度地下降，如：结构如此复杂的计算机、手机、电视机，包括汽车等的价格之所以能不断下降，正是因为在生产中大量应用了机器人和自动机。

机器人是不领工资的“劳动力”

机器人是电脑与机器的结合。机器人不吃五谷杂粮，只要有能源便能工作，因此机器人是不领工资的。但是所谓机器人不领工资，不能从绝对意义上理解，因为购买机器人需要一次性投资，而且在机器人使用的过程中也还需要维修和保养等。因此只有当机器人产业大发展，机器人价格低廉，而且机器人在能够自我维修和保养的情况下，机器人不领工资才有实质性的意义。

为此，想要用机器人全面地取代地球人体力劳动的工作岗位，还需要解决以下一系列的问题：

提高机器人的智能水平。目前的机器人还是个“小孩子”，只能干些相对简单的工作。要让机器人成长、成熟，以提高机器人的工作能力，还有待于更高级的智能电脑的研发，以及机器人研制水平的提高。近来国际上掀起了研制量子计算机的热潮，并已有所突破。有了量子计算机作为机器人的大脑，那么量子机器人的问世也就为期不远了。

机器人和自动机虽然不领工资，但购买它们时却需支付一次性投资。为此，只有当机器人产业大发展，购买机器人的一次性投资较低时才合算。这就需要大力建造生产机器人的“机器人工厂”。

目前，由于机器人产业的发展，购买机器人的一次性投资已大为下降，同时产业工人的工资则不断提高。现在，包括中国在内的世界各经济大国，都已出现使用工业机器人的总投资低于工人的工资。这时，企业家们就会大量地用机器人取代工人的劳动，而且这个趋势已经开始显现。

当机器人解放了人员劳动力，那么多的下岗工人怎么办呢？尤其在中国，如此巨大的人口包袱，怎样使之转化为动力？这就是当前阻碍机器人产业大发展的主要阻力之一，同时也是圆中国梦必须解决的难题。

由机器人解放了人员劳动力，从现象上看是全球失业率飙升。其实，这正是社会劳动力从体力劳动为主升级为以脑力劳动为主的契机和前奏。地球环境危机重重；另外，世界上存在许多的未解之谜有待于人们去解决，这些都是知识生产的工作岗位。人的优势在于有智能，其强项是脑力劳动而不是体力劳动。因此，被机器人解放的人员劳动力正好可以腾出身来从事知识生产。

工程师

社会物质财富极大丰富

社会物质财富泛指人们衣、食、住、行、用、通信和服务所需的各种产品。

食品

民以食为天。当生物产业大发展后，不仅生态农业生产出大量的绿色食品；海洋开发就会有吃不完的海洋食物（蓝色食品）；微生物农业可以快速地生产出大量的“白色食品”；还有“昆虫食品”也是量大而味美的。那时，人们再不必为人口爆炸而担心地球上食物不够吃了。

当社会上食品的总量大幅增长后，人们将进一步要求提高食品的质量。不仅要考虑食品的营养价值，还要求食品安全、环保，要求色、香、味俱佳，使大家充分享受进食的乐趣。

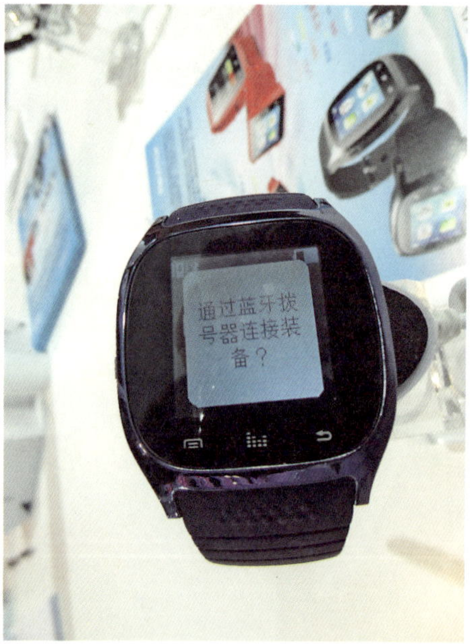

智能手表

衣服

由于化纤产业的大发展，到目前为止，大多数人已经不愁没有衣服穿了。下一步是向更高标准的目标发展，如个性化的服装；冬暖夏凉的衣服和各种多功能的智能服装等。

新一代信息技术产业快速发展，“芯片”越做越小，由于物联网和云计算的产业化发展，目前各种智能服装和智能用品已经问世，如智能手表、智能眼镜等，已开始进入了产业化生产的阶段。

住宅

由于新型建筑材料产业的大发展，以及由建筑机器人为主要劳动力，盖房子将成为轻而易举的事。不仅人们住房的数量和质量会大幅度地提高，还会建成诸多新型城市，如：立体城市、地下城市、海上城市和海底城市等。

新一代信息产业的发展，智慧城市的建成，将进一步提高居民们的生活质量。

交通工具

公共交通运输仍以汽车、飞机、轮船、轨道交通等为主，为了提高运输效率，会向新型、快速、智能、大型的方向发展。

私人交通工具由于小轿车过多而堵塞道路交通，空中小轿车和个人飞行器将受人们青睐。

通信

通信业的大发展是信息社会的主要标志，它使地球连成了“地球村”。当新一代信息业进入全盛时期后，当物联网、云计算、三网联合等发挥威力时，人与物、物与物之间都能沟通，甚至能对话、能互动，这就使“天方夜谭”成为现实。

服务

作为第三产业的服务业，在信息社会已有长足的发展。而当机器人产业大发展，各色各样的服务机器人大规模进入服务行业时，服务业必然会发生跳跃式的大变化。

社会生产目的的升级

社会的生产目的是由社会生产力水平决定的。当社会生产力水平低下时，人们为求生存，只能以吃饱、穿暖为目的。以后随着社会生产力水平的提高，几百年来，人类自觉或不自觉地一直是以“不断提高物质生活和精神生活的需求”为社会生产目的。

但是当人类进入信息社会后，情况发生了变化。这变化主要发生在两个方面，一方面是由于社会生产力水平的提高，有些发达国家和发达地区，社会物质财富已相当丰富，能基本满足本国和本地区居民的物质生活需求，且有多余。为此，在发达国家已有人提出“够了就行”的消费观念。

另一方面，由于人们对自然界“欠债太多”，使地球环境危机日益严重，“我们只有一个地球”“地球是我们共同的家园”“可持续发展”“低碳经济”等口号日益深入人心。要克服地球环境危机，建设美丽地球逐渐成为人们的奋斗目标。

当社会物质财富极大丰富后，人类的社会生产目的，将从“不断提高人们物质生活和精神生活的需求”升级为建设“美丽地球”。在中国，建设“美丽中国”就是“中国梦”中美丽的光环。

人们从事知识生产

实现中国梦，当然要“以人为本”。当新兴产业大发展，尤其是智能机器人按几何级数增长，取代了大部分人员劳动力后，人们不都失业了吗?

不必担心，正是由于机器人承担了大部分体力劳动的工作岗位，这就把人员劳动力解放了出来，人们就可以腾出手来从事创造性的脑力劳动，也就是走上知识生产的工作岗位。

在中国梦中，人们除了对物质生活的需求外，更有对精神生活的向往，那就是希望得到自由、幸福。

对自由、幸福的理解，各人的侧重点不同。笔者认为，所谓自由主要是个人学习、工作、发展的自由。通俗地说，就是想学习什么、想从事什么工作都能如愿以偿，这是宏观层面上的自由。

所谓幸福，是个人的主观感受，一般说来，就是能满足自己的要求和欲望。人的最高欲望是创造欲，因此，能够在自己感兴趣的工作岗位上有所建树、有所创新，那么他就是一个幸福的人。

新兴产业大发展后，尤其是当机器人代替人力，从事繁重的体力劳动，机器人劳动力解放了人员劳动力，人们就可以在知识生产的领域中，自由地选择自己感兴趣的工作，在创造性的工作岗位上实现自己的人生价值，那么他就是一个自由、幸福的人。

社会劳动力的层次态发展

劳动没有贵贱之分，但有体力劳动和脑力劳动，有简单劳动和复杂劳动之别。

人类社会是个复杂的大系统，凡系统都是按规律从低级层次向高级层次发展。社会是这样，社会劳动力的发展也是如此。社会劳动力从低级层次向高级层次发展，可分为四个层次：简单体力劳动→复杂体力劳动→简单脑力劳动→创造性脑力劳动。

历史上社会劳动力的升级

人类社会经历了原始时代、农业时代、工业时代、信息时代（知识时代的

瓜农喜获丰收

焊接工人

初级阶段），正向知识时代的全盛时期发展。其中决定时代性质的主要因素，主要由社会生产力（产业结构）和社会劳动力性质所决定。在农业时代，社会主要生产力是农业，而90%以上的社会劳动力是农民；工业时代，社会主要生产力是工业，故80%以上的社会劳动力是工人；当进入信息时代，社会生产力基础是信息化加上工业化，故白领阶层的人数超过了50%。

从当前的信息时代迈向高层次知识时代，除了克服地球环境危机和经济危机外，还有许多关要过，其中最困难的问题，但也是最有意义的问题之一是社会劳动力的升级。历史上社会劳动力已经历了从农民到工人，从工人到白领的升级，目前正面临着又一次更为本质性的升级——全民将从体力劳动为主转向脑力劳动为主；从简单脑力劳动向创造性脑力劳动的升级。

人的强项是智慧，是脑力劳动，而不是体能体力。因此，从体力劳动向脑力劳动发展是人们的愿望，也是社会发展的必然趋势。当机器人替代了大部分体力劳动和简单脑力劳动的工作岗位后，人类将何去何从？最佳的出路就是从事创造性脑力劳动！

从人类学的角度来看，人类从体力劳动为主向脑力劳动为主的发展，其意义仅次于“从猿到人”的进化。因为人类的进化，当然最重要的首推从猿到人，那是古猿们通过体力劳动，经历了几百万年的进化过程，使自己从动物界超脱了出来；然后，当人类社会处于原始时代、农业时代和工业时代时，也就是说处于体力劳动为主的时代时，人类社会只能说尚属于初级阶段；只有当人们大都从事创造性的脑力劳动时，人类社会才能算进入了高级阶段，那就是知识社会。而当前的信息时代则是人类社会从初级阶段向高级阶段跃变的过渡时期。

当代社会劳动力升级的方向

即将来临的高层次知识社会，是一个以知识生产为社会生产力基础的社会。从工业社会经过信息社会，向高层次知识社会发展，其核心问题，同时也是主要标志：一是产业结构的转型（大力发展新兴产业）；二是社会劳动力的升级，即从工业社会中的蓝领工人占劳动力的大多数，到信息社会中的白领阶层为主，转向知识社会的金领阶层（知识生产者）为主。

金领阶层中主要包括三种类型：管理阶层（政治家、高级公务员和企业家）；知识生产者和传播者（科学、技术、教育工作者）；精神产品的生产者（文学、艺术、体育、卫生工作者）。其中知识生产者可能会占较大的比例。

劳动力转型升级需要满足三个基本条件：第一，劳动力多余，失业率大幅度上升；第二，由于生产力的发展，出现许多新的知识生产的工作岗位；第三，创建一整套劳动力升级的社会机制。

科研人员

失业率飙升的难题

失业率飙升是社会发展必须解决的难题。其实，劳动就业的困难正是社会质变飞跃时劳动力升级的前奏。

1995 年由美国出资的戈尔巴乔夫基金会，邀请了 500 位世界级的政治家、经济界领袖和科学家，讨论了 21 世纪人类将转入一个新的文明。他们认为，未来全部谋职人员中仅用其中的 20%就足以生产出供世界社会享用的全部商品，提供它所需要的第一流服务。那么其余 80%希望工作的人则都将“靠喂奶过日子”(靠社会福利养活)。

世界智囊团们的忧虑主要是考虑到新兴产业大发展后带来的问题。尤其是当智能机器人大批量进入国际劳动力市场后，不仅能取代农业工人和蓝领工人的大部分工作岗位，连白领阶层也将难逃它们的冲击。

那么真的如西方某些人所说的：被就业竞争淘汰的 80%的社会劳动力靠“令人陶醉的消遣娱乐与充分的食物结合在一起，世界上受到就业竞争挫败的居民会保持好心情”吗？要知道人们在得到充分的食物后所追求的并非“令人陶醉的消遣”，人的最高欲望是创造欲。人们都希望能在创造性的工作岗位上体现自己的人生价值。

我们再从马斯洛的需求层次理论来分析。当人们满足了物质的需求，即生存(温饱)和安全的两个低层次需求后，就会追求精神领域高层次的需求。精神领域的需求分为三个层次：社交、尊重和自我实现。人们对社交的需求是多方面的，“令人陶醉的消遣娱乐”只是其中的一小部分。其实人们在多种社交活动中，核心问题是需要得到社会的尊重。而所谓“社会尊重”在不同的社会发展阶段，其价值观是不同的。在社会物质财富还相对贫乏时，社会上可能更多尊重的是有权、有势、有财的人。

当有些人根据自己所处的环境、条件，认为对追求名利无望时，就会“另找出路”。如现在有不少的青少年染上“网瘾”，他们就是到虚拟世界里去，寻求在现实世界里无法得到的精神刺激和虚幻的自我实现;而有些对追求名利无望的成年人,就会堕入吸毒、酗酒、淫乱、赌博,甚至偷盗等犯法的罪行中去寻找刺激。因此,失业率飙升的后果,即使有了充分的食物供应,也会由于“饱暖思淫欲”而造成社会动乱。

正由于人们在得到充分的食物后所追求的并非“令人陶醉的消遣”,而是社会的尊重。而当社会物质财富极大丰富后,金钱的光彩便褪色了。“社会尊重”的核心价值观会发生相应的转变,由尊重名、利、地位,转向尊重“贡献”,社会将尊重对社会有贡献的人。现在社会就很尊重有高尚道德、有爱心的人。这就是社会发展、进步的方向。对社会的贡献虽然有大有小,但是当志愿者是人人都能做得到的。到那时,人们为了追求社会的尊重,就会争着作志愿者,这也就是我们所追求的“和谐社会”了。

当人们都能得到社会的尊重后,人的最高欲望是创造欲。人们都希望能在创造性的工作岗位上体现自己的人生价值,并作出更大的贡献。

那么,这 80%的劳动力从哪里去找“能体现自己人生价值”的创造性的工作岗位呢?

无限的知识生产工作岗位

在知识时代，大多数的社会劳动力都成了金领阶层，有那么多的知识生产工作岗位吗？有！

在知识生产领域中，工作岗位的数量是“发散”的，也就是说，在知识生产领域中，工作岗位是越来越多的。任何研究领域，越深入研究，需要研究开发的工作越多，就会产生更多的工作岗位。

科学技术是发散的

五百多年前，科学刚从神学中解放出来时，从事科学研究只是极少数科学家的事。经过五百多年的发展，由于科学发展是按“组合性爆炸”的规律发展着，尤其是20世纪初现代科学问世后，出现了“信息爆炸”现象，使科学研究和技术开发的工作岗位逐渐趋向于无限。

就以学科的发展为例：在工业时代初期，自然科学主要只有6门学科，它们是：数、理、化、天、地、生。而到了现代科学阶段，已发展为几千门学科了，而且今后还会向更细分的方向发展。

每门学科都要发展，这里就会有许多知识生产的工作岗位。

新兴产业开发中的知识生产工作岗位

在知识社会的初期，人们大量的工作仍然是开发高新技术，那是新兴产业的基础。

机器人

机器人研制和“培训”的工作量很大。因为智能机器人是自学习机器人，它们和人相似，干什么工作都得有个学习过程，同样需要“培训”。因此，除了继续研制更高水平的机器人（如量子机器人和纳米量子机器人）外，会有许多人当机器人的“老师”“师傅”“保姆”。在一些较复杂的工作岗位上，机器人还需要由人指挥，那么这些工作岗位就是当机器人的“领班”。

机器人流水线

新能源

太阳能虽然最早被开发和普遍利用，但太阳能电池材料的研制仍需继续提高质量、降低成本和延长使用寿命。另外，地热能、核聚变能、风能、生物质能、海洋能、氢能等无污染新能源的开发也有着广阔的前景。

信息产业

现在信息虽已全球联网，但对信息的整理、加工和软件开发的工作量极大，在这个领域有着许多工作岗位；同时，新一代信息产业的物联网、云计算、大数据、三网联合等的研究和开发，也还有许多工作要做，建设智慧城市、智慧地球，现在刚刚起步；当然，对于进一步开发研究各种高级电脑，使之全面地超过人脑，仍然会吸引不少科学家。

新材料

在新材料开发方面，一旦分子设计和纳米技术日臻成熟，会吸引许多人从事新材料的设计和开发。因为当组成材料的元素类别稍有变化，材料内部结构的改变，以及材料加工工艺的发展等，都会引起材料性能的变化。各项新技术、新产业都需要许多性能优异的新材料。

生物技术

在生物技术方面，基因工程研究开发的工作量极大，需要许多人从事对地球上主要生物物种的基因图谱的制作；另一方面，社会鼓励人们从事地球物种种类的探索及研究生态平衡的因果网络关系。研究生态平衡需要到大自然中去，这使人们有回归自然的感觉，并有旅游的情趣，因此会有许多人乐于参加这项工作。

医学科学

在医学科学领域中，病理研究、疾病防治、新药研制、增进人们身体健康、防止衰老、延长寿命以及人造器官研制等，同样有大量的工作要做。

建设美丽中国和共建地球村中知识生产的工作岗位

当前地球环境危机已成为人类的生存危机。欲克服地球环境危机就会创造出许许多多知识生产的工作岗位。

消除环境污染

在地球上，消除水污染、大气污染、垃圾污染及废渣污染等任务任重而道远。

绿化沙漠

用太阳能淡化海水，用以灌溉沙漠，大力发展“沙产业”，使地球上占陆地面积1/4的沙漠变成良田。

建设地球大花园

欲把环境建成个大花园，需要发展生态农业、农业公园，控制生态平衡等。

风力发电

高强金属材料

地球资源无限化

怎样使地球上有限的资源“无限化”，就需要对有限资源的调查，资源的勘探、开采，研究发展循环经济的方法、途径，研究地球资源的深度开发和资源转换的技术、方法。

缓解自然灾害

人们欲缓解自然灾害、改善气候，必须从事气象研究、地球物理研究，需要研究天文、地理、大气、海洋。研究灾害的成因，灾害的防治方法，这是个“天高任鸟飞，海阔凭鱼跃”的研究领域。

海洋开发

地球上70%以上的表面是海洋。海洋中有着丰富的宝藏。海洋资源，包括海洋生物资源、矿产资源、油气资源的勘探、开发技术，需要研究。当海洋中建立了许多人工岛、海上城市和海底城市后，海洋开发领域会出现许多新奇的工作岗位。

兴建新型城市

为了扩大人类的生存空间，人们热衷于建设智慧城市、立体城市、地下城

国际空间站

市、海上大都市和海底城市等。这些新型城市需要设计、建造，需要管理，同样有许多新的工作岗位。

开发太空

太空开发、建设月球基地和太空城，以及火星探险等是富有冒险精神的人跃跃欲试的领域。当太空旅行的交通工具的水平大幅度提高，研制出各种太空机器人，作为人们开发太空的“开路先锋”后，开发太空、开发太阳系乃至开发宇宙，更是个无限的领域。

无限的待解之谜

根据“宇宙大爆炸理论”，认为我们的宇宙已存在了约150亿年。而人类的科学研究只有几百年的历史。相对于广袤无垠的宇宙，人类的科学研究可以说尚处于初级阶段。宇宙无限大，基本粒子则无限小，在这无限小到无限大之间，隐藏着无限多的宇宙之谜、自然之谜、外星人之谜、生命之谜、大脑之谜、思维之谜、潜意识之谜、情感之谜，还有艺术之谜、历史之谜、神秘学之谜等。揭开各种谜团，有许多工作要做，需要许多人破解，就有着无限多诱人的知识生产的工作岗位。

战略性新兴产业圆中国梦

ZHANLUEXING XINXING CHANYE YUAN ZHONGGUOMENG

新兴产业的高速发展

新兴产业的几何级数增长

对于“中国梦”何时能实现，中央提出了两个一百年：第一个一百年，是指共产党成立一百周年，即 2021 年。到那时中国要实现建成小康社会；第二个一百年，就是新中国成立一百周年，即 2049 年。到那时，中国梦将梦想成真。

想使“中国梦”梦想成真，新兴产业的大发展是生产力基础。而新兴产业的发展是按几何级数的速率递增的。以信息产业为例：第一台 30 吨重的晶体管计算机，于 1946 年问世，1982 年，在西方国家，微电脑便进入了千家万户。计算机在高速发展期，每年以 66％的速度发展。中国移动通信产业（手机）的发展，在高速发展期，最高年增长率竟达到 280％。

新兴产业的几何级数增长，在起动阶段由于技术不够成熟、生产规模还不大、售价偏高等原因，发展较慢；然后进入快速发展期；当该产业基本满足社会需要时便进入成熟期，这时的发展速度也会减慢。也就是说，新兴产业的发展速度不是均匀的。但从信息产业的发展及其他各项新兴产业的起动阶段来看，其平均速度还是很快的。

新兴产业的发展，在 35 年内增加几十倍到几百倍的可能性很大，那么就能达到社会物质财富极大丰富，就可能消除和缓解地球环境危机，建成美丽中国。

再从信息产业发展的历史来看，既然仅一项新产业（信息业）的兴起，才用了 36 年，人类社会便从工业社会进入信息社会，那么当新能源产业、高端装备制造业、新材料产业、新一代信息技术产业、生物产业、环保产业、新能源汽车产业等新兴产业群大发展后，2049 年实现“中国梦”，就不是天方夜谭了。何况产业群在发展过程中会发生“组合性爆炸”，这更加速了新兴产业群的高速发展。

组合性爆炸

为什么“组合性爆炸”会加速新兴产业群的高速发展？这就需要说明什么是组合性爆炸了。

组合性爆炸现象是系统哲学中的一条基本规律。它是指由两个以上的子系统构成不同类别的大系统时，所构成大系统种类的数目，比原有子系统的数量惊人地扩大，用“爆炸”来形容一点都不过分。组合性爆炸的典型例子，就是“计算机语言”和“万花筒”。

典型的例证

计算机语言

系统的组合性爆炸现象中最典型的例子就是计算机语言。人们发现，宇宙间所有的自然信息和社会信息，都可以用数字来表达。而二进制的语汇，

可仅用 0 和 1 两个数字来组合。0 和 1 两个数字不断地重复、组合，便可表达出宇宙间和地球上所有的信息，包括声音、影像、文字及各种符号。这就是 0 和 1 两个子系统所形成的组合性爆炸现象。

万花筒

计算机语言是数字的组合性爆炸，另一个典型的例证就是万花筒。在万花筒中，以几片纸屑为基本子系统，构成万花筒后，在旋转变化中，可演化出无数个各不相同的组合图形。这是图形的组合性爆炸。

社会发展是呈组合性爆炸的。原始社会经历了 8 万～10 万年，农业社会约 1 万年，工业社会两百多年，而信息社会才经历了 50 年左右。社会的加速发展就是由于系统的组合性爆炸的结果。科学技术的发展出现"信息爆炸"现象，也是由于知识信息的组合性爆炸的原因。

系统的稳定

系统的稳定性极为重要，在社会系统中，我们更是追求社会系统的稳定。安居才能乐业，方能和谐，在稳定的基础上才能发展。稳定者才能生存，人类自身和人们生活的世界是数不清的可能性组合海洋中较为稳定而坚定的岛屿。

组合性爆炸是系统的普遍规律，也是宇宙间的普遍规律。故产业间同样存在组合性爆炸现象，正是由于产业间的组合性爆炸，才有了工业时代和信息时代。

工业时代产业的组合性爆炸

在工业时代，组成组合性爆炸的基本子系统是钢铁、化石能源（煤炭、石油）和设备制造。由这三个基本子系统，构成了工业时代的千百种产业。

首先，有了钢铁材料、煤炭和机械制造的组合才发明了蒸汽机，其后是内燃机和电机（发电机、电动机）。这些都是产生动力的动力设备。然后，由能源、动力设备与机械设备的组合性爆炸，便演化出无数种各色各样的设备。就是由这些眼花缭乱的设备和设施构成了工业社会的生产力基础，建成了“工业大厦”。

如机械制造设备：包括车、钻、刨、铣、磨等各种机床，以及铸、锻、焊、热处理等各种设备；交通运输装备：包括汽车、飞机、火车、轮船等交通工具；其他还有电力设备、采矿设备、冶炼设备、建筑机械、农业机械、轻工机械、化工机械、水利设施、医疗设备、仪器仪表等。

以上各种设备和装备还能细化出多种多样不同的产品。这就是由于材料、能源、机械发生组合性爆炸后，产生了千万种产品和产业，这才构成了工业社会。

大型工业设备

信息时代产业的组合性爆炸

信息时代的到来是由于材料子系统提升到一个新的层次，那就是半导体材料和各种功能材料的问世。由于它们的发明和投产，首先是开发出一系列的信息产业，如通信业、声像业、计算机和互联网等。

通信业的萌芽是电话和电报，以后发展到光纤通信和移动通信；声像业的代表是电视机的发明；计算机已进入了千家万户；互联网把地球变成了地球村。

同时，信息业与工业时代的传统产业相结合，也就是常说的“信息化加上工业化”，又使传统产业升级换代。如：计算机加上各种机械，就发明了自动机和机器人，以及各种先进制造技术；计算机用于农业，出现了各种精细农业；计算机和互联网，使教育产业发展了远程教育，为普及高等教育创造了条件；计算机和互联网使电子商务蓬勃发展。

工业时代的钢铁、化石能源、机械制造三大产业，经过两百多年的组合性爆炸，构成了工业时代的支柱产业和多种多样的产业；在此基础上，再加上信息产业，又经过了不到半个世纪的组合性爆炸，已发展到信息时代的全盛时期；如果再加上新能源、新材料、新一代信息技术（物联网、云计算、三网联合等）、高端装备制造、生物产业、环保产业等新兴产业群参与组合性爆炸，那么将会产生怎样的局面呢？那就是“天方夜谭”式知识社会的生产力基础了，也就是“中国梦”的生产力基础。

系统的层次态发展

在探讨新兴产业组合性爆炸前，有必要讨论系统的层次态发展规律。因为从中可预见新兴产业组合性爆炸的方向。

系统的层次态发展规律也是系统哲学中的一条普遍规律，宇宙、自然界、人类社会以及社会产业等都是按层次态规律发展的。各层次之间是由简单到复杂、由低级层次向高级层次发展着。

质变飞跃时的“产前阵痛”

系统从低层次向高层次的发展在质变飞跃时，旧有的系统结构破坏，新的系统结构生成。在此过程中往往表现出暂时的系统失稳、混乱，人们常以“产前阵痛”来比喻。社会系统的质变飞跃尤其如此，历史上经常以战争的形式摧毁旧政权，建立新政权。

社会经济系统的层次态发展，同样有可能会发生失稳和混乱，例如在工业时代，当轻工业时代向重工业时代跃变，以及信息时代向知识经济时代质变时，必然会发生产业结构的调整，这时若处理不当，就会爆发经济危机，就会发生战争、动乱，经济危机就是社会产业层次态发展进程中的“产前阵痛”。2007 年末开始的金融海啸就是从信息时代向知识经济时代质变飞跃的一次“产前阵痛”。

我国当前也正经历着“产业结构调整”和“社会劳动力转型升级”的“产前阵痛”。

生产力的层次态发展

社会生产力的发展是社会发展的基础和前提。生产力的层次态发展经历了以农业为主的农业社会；以轻工业为主的工业社会前期；以重工业为主的工业社会的中期；以信息业为主的信息社会(也称后工业时代，或知识时代的初级阶段，就是现代)。未来的社会形态将是知识社会(即知识经济社会)，在知识社

蒸汽机火车

会中，社会生产力基础将是知识产业。这时人们大多会从事知识生产劳动。

生产力的层次态发展主要是由于生产工具的进化而引发的。在农业社会中，生产工具只有手工工具；蒸汽机的发明使生产工具发展到以钢铁为材料、以煤炭石油为能源、以机械为设备的工业时代；而计算机的发明使人类社会跃进到信息社会；那么当进入知识时代，主要的生产工具又要提高一个层次，它们将是新一代计算机、机器人、新能源、新材料等的产业化综合应用。

生产工具的层次态发展

我们知道，物质、能量、信息三基元构成系统。人类社会的生产工具就是经历了这三个层次，即单纯的物质生产工具——手工工具；物质、能量相结合的生产工具——蒸汽机、内燃机及各种机械；物质、能量、信息相结合的生产工具——机器人和自动机。

手工工具——单纯的物质生产工具

人与动物的区别，首先在于人会使用工具。石器是最原始、最简单的生产工具。以后有木器、青铜器、铁器等。这些以材料命名的生产工具都属于单纯的物质生产工具，它们都是手工工具。人们用自己的体能体力或使用畜力为动力，与单纯的物质生产工具相结合，方能从事生产活动，如耕地、运输等。

蒸汽机——物质与能量相结合的生产工具

蒸汽机本质上就是把自然界的能量——煤炭的化学能与机器相结合，用蒸汽动力推动机械做功。以后又发明了内燃机。内燃机可使用石油、天然气为能源；再后来，又有了原子能的和平利用。这些都属于物质、能量相结合的生产工具。当有了物质、能量相结合的生产工具（各种机械设备）后，使手工业发展为机器工业，手工作坊发展为大工厂，人类社会便从农业社会进入到工业社会。但是物质、能量相结合的各种机械，还需要人来控制、操作。只有当物质、能量、信息三者结合的生产工具——机器人和自动机成为社会生产力的主角时，人类社会便能从工业社会进入知识社会。

机器人——物质、能量、信息相结合的生产工具

机器人就是在机器中装上电脑，使之成为有“脑子”的机器。给机器安上电脑，就是把“信息”的要素加入单纯由物质、能量构成的机械中去。安上电脑的机械，就可以凭电脑中预先设定的程序自主地作业。这就解放了操作机器的蓝领工人。由机器人代替了人员劳动力，解放了人员劳动力，其意义之深远不可估量。机器人问世特别是工业机器人的出现，其社会作用将超过蒸汽机的发明。

光纤传导焊接机器人

新兴产业的组合性爆炸

从生产工具的层次态发展规律来看，在工业时代是由能源与各种机械相结合，组合性爆炸后，发明了各色各样的机器设备，构建了工业社会。而新兴产业的组合性爆炸，首先是由于新一代计算机的加盟，产生组合性爆炸，研制出各色各样的智能机器人。智能机器人和新能源将是圆中国梦的主力产业。因为建设美丽中国，人的体能和体力都需要增强、扩大、延伸，这就是机器人和新能源大展身手的时候了。

以机器人和新能源为核心，再由其他新兴产业相配合，组合性爆炸的结果，便能使社会物质财富极大丰富，并完成各项建设美丽中国和共建地球村的任务。

使地球资源趋向“用不完”

能源　新能源产业的大发展，可使能源取之不尽、用之不竭。太阳能、风能、核聚变能、地热能、生物质能、海洋能等新能源的产业化大发展，便可使能源趋向“用不完”。

淡水资源　在能源用不完的基础上，加上新材料产业中膜材料产业及海水淡化设备的产业化，再加上机器人劳动力，淡化了的海水就变得很便宜，这就使淡水资源趋向于“用不完”。

矿产资源　进一步开采当前无法开采的矿产资源，以及矿产品的回收利用，可使矿产资源趋向“用不完”。这就需要有大量廉价的能源和机器人劳动力，当然还要有各种采矿、选矿的新技术、新设备和各种材料回收的新技术、新设备等。

土地资源　开发土地资源需要绿化沙漠、开发陆地上尚未开发的土地，以及海洋开发甚至空间开发等。在此过程中，机器人劳动力和大量的能源就是不可或缺的。当然还需要有施工设备、高端装备和生物产业的配合。

生物资源 欲使生物资源“用不完”，主要需靠生物产业的大发展。但能源和各种机器人劳动力仍是不可或缺的。

由此可见，新能源、机器人，再加上新材料、高端装备和生物产业等的组合，就可使地球资源“用不完”，地球资源短缺问题便能迎刃而解。

物质财富极大丰富

使社会物质财富极大丰富的三要素是：免费又用不完的自然资源，以高新技术为核心的新兴产业，以及不领工资的机器人劳动力。既然新兴产业使地球资源趋向于“用不完”，而机器人劳动力也是新兴产业的产物，因此，当新兴产业大发展后，其组合性爆炸的结果，就能使社会物质财富极大丰富。

沙漠绿化

沙漠和荒漠化土地占到地球陆地面积的1/4以上，而绿化沙漠主要需要淡水灌溉和有机肥。当新能源和新材料产业的大发展促进了海水淡化产业后，地球上就有了用不完的淡水。而要把淡化了的海水输送到远离海岸线的内陆沙漠，需要由机器人铺设输水管道。

生产和利用有机肥，需要有生物产业的配合。同时，输送有机肥也需要有运输机器人的劳动。

当沙漠和沙荒地有了充分的淡水和有机肥后，下一步就是大力发展沙产业。这就需要平整土地、绿化造林或开荒种地。要绿化沙漠，造林和开荒种地的工作量极为巨大，这就又是机器人的任务了。

从沙漠绿化的目标来看，需要有新能源（主要用以淡化海水）、机器人，当然还要有生物产业的贡献。

消除环境污染

消除大气污染、减少雾霾天气、减轻水污染、废渣污染和垃圾污染等有所进展，近年来由于环保产业的发展，已突破了不少技术瓶颈，并已取得了一些成就。只是由于环保产业的发展需要消耗较多的能源和材料，如膜材料和催化剂等。在能源和材料的价格还较高时，就使环保产业的经济性受到影响。

另一方面，目前环保产业在“变废为宝”资源回收的技术上还不成熟，大都是投入大而产出小。一旦环保产业发展为循环经济中资源回收的大户时，那时消除环境污染就能成为企业自觉的行为了。

消除环境污染的新兴产业主要是环保产业唱主角。但发展环保产业还是需要有新能源和机器人，以及新材料产业等为基础。

控制生态平衡

要控制生态平衡，生物产业就得唱主角了，但是也需要有其他新兴产业的配合。如生态预警系统，就要有新一代信息产业的配合，尤其是物联网和云计算产业。当物联网的芯片能做到人—物对话和物—物对话时，生态预警系统便能做到得心应手。

至于大力发展生态农业，用基因技术改造生物品种和农业园林化等的实施，主要是生物产业的任务。然而在这些新产业实施的过程中，同样也需要机器人劳动力和新能源的供应。

控制自然灾害

自然灾害大都是自然界不可控能量的大爆发，如风灾、火山喷发、地震等。要缓解自然灾害，人类要设法把大自然不可控的能量转化为被人们控制和利用的能源。当然这是难度极大的任务，但也是有可能完成的，如冰岛人就用开发地热能的办法，创造了缓解火山喷发的奇迹。

缓解自然灾害是建设美丽中国和共建地球村的任务中难度最大的项目。对于如何全面控制自然灾害，当前仅停留在献计献策，多方讨论方案的阶段。虽然有些观点看来似乎过于幼稚和简单，但是当各项新兴产业大发展后，人们会想出办法，逐步达到缓解自然灾害的目的。其中，新能源和智能机器人仍将是核心力量。

兴建新型城市

想要大面积地兴建智慧城市、立体城市、地下城市、海上城市和海底城市，从当前的技术水平来看，大都是可以完成的任务，只是由于造价太贵，所以还不能大面积推广。

欲降低新型城市的造价，除了大力开发新型建筑材料外，还需要大量使用建筑机器人。与汽车产业和家电产业大量使用工业机器人后，产品价格便大幅度地下降的道理是一样的。而建设智慧城市，则需要依靠新一代信息产业。

海洋开发

海洋是人类的资源仓库，如何开发海洋中的能源、矿产资源、生物资源等，首先需要各种水下机器人和海洋高端装备，如钻探船、深潜器、深海石油开采平台、可燃冰开发装置等。另一方面，要想把海洋建成海洋农场和海洋牧场，需以生物产业为基础。

由于各项新兴产业之间发生了组合性爆炸，产生了建设美丽中国和共建地球村的诸多新功能，这就大为促进了对各项新兴产业的社会需要。而社会需要正是推动新兴产业发展的动力，使之形成了良性循环，便加速了新兴产业的大发展。

海底作业的水下机械手

突破技术瓶颈

以上讨论的于2049年“中国梦”得以梦想成真,只是对产业发展的归纳总结和用系统理论为指导所得出的一个宏观上的大概率事件。但这个“中国梦”是否真能成为现实,关键取决于各项新兴产业的技术瓶颈何时得以突破。

各项新兴产业在发展的进程中,都会遇到方方面面、大大小小的“瓶颈”,这些“瓶颈”都是阻碍新兴产业进一步发展的因素。而其中技术瓶颈,尤其是重大的关键性的技术瓶颈的突破,起到了决定性的作用。当某一重大的技术瓶颈得以突破时,则该项新兴产业便能进入更高一层次的发展水平。这些技术瓶颈的突破是按层次态规律,呈跳跃式地发展的。

从信息产业的发展看技术瓶颈的突破

1946年世界上研制成功第一代电子计算机的时候,用了18 800只电子管,重约30吨。显然,如此庞大的计算机,即使不考虑到它贵得惊人,也不可能放在办公室或家庭中应用,更不可能放到手机中去。虽然这第一代电子计算机并没有多少实用价值,但它却开创了信息时代的新纪元。

以后,在1948年发明了半导体材料,并制成了半导体晶体管,这就开始了用半导体取代电子管,做成了计算机。与电子管相比,半导体晶体管计算机的体积小、重量轻、寿命长、耗电少、可靠性高。从此,半导体的应用遍及电子工业的各个领域,使世界发生了翻天覆地的变化。半导体的发明,就是信息产业的第一次技术瓶颈的大突破。

20世纪50年代末,半导体电子器件有了一个突破性的进展,那就是发明了集成电路。集成电路是把一个电路中所需要的晶体三极管、二极管、电阻、电容、电感等分立元件和连线,集中制作到一小块半导体晶片上,构成一个整体,叫做集成电路芯片。这就为实现电子设备的微小型化、低功耗和高可靠性创造了条件。集成电路的发明是信息产业又一次技术瓶颈的大突破。

以大规模集成电路为主要元件的电子计算机就是第四代电子计算机。同电子管计算机相比，大规模集成电路计算机的体积已缩小到几十万分之一，重量和功耗减少到几万分之一，价格下降到万分之一，可靠性却提高了上万倍。

集成电路板

新一代的第五代计算机正在发展之中，它是用超大规模集成电路和其他各种新型的物理元件组成的，它不仅具有极高的运算速度和极大的记忆能力，而且还有更接近人的人工智能。它们是研制智能机器人的基础。

信息技术之所以能在三十多年的时间内，把人类社会从工业社会推进到信息社会，其关键就在于几次技术瓶颈的重大突破。由此可见，各项新兴产业的高速发展，都需要依靠核心技术瓶颈的重大突破。

新能源产业的技术瓶颈

在新兴产业建设美丽中国和共建地球村的特大工程中，新能源产业可以说是“中流砥柱”。因为只有当无污染的新能源大量廉价供应时，地球上的自然资源才能从有限向“用不完”发展；海水淡化的成本就会大幅下降，这时绿化沙漠便成为可能；再则，建设美丽中国和共建地球村的诸多项目中，每一项都需要有能源供应。

在新能源产业中，太阳能产业，尤其是光伏产业被业界认为是最有潜力、最有前途的领域。但目前太阳能发电的成本还太高，无法与火电、水电竞争，尚需要靠政府补贴方能进入市场。而靠政府补贴终非长久之计。那么怎样方能使光伏发电的电价降下来呢？其技术瓶颈卡在何处？

第一代光伏电池——硅太阳能电池

信息产业已发展到第四代，正在向第五代迈进。相比之下，光伏产业稍显落后，但也已发展到第二代，正向第三代进军。

光伏电池的工作原理是“光电效应”，就是光照在电池上能发出电来。在1893年，法国科学家贝克勒尔发现了“光电效应”；1954年美国贝尔实验室首次制成了实用的单晶硅太阳电池，光电转换率（太阳光能转化为电能的比率）仅为6%；1958年太阳电池首次在空间应用，装备美国“先锋1号”卫星电源；1960年硅太阳电池首次实现并网运行，从此迈开了光伏产业的步伐，这就是第一代光伏电池。

第一代光伏电池是硅太阳能电池，包括单晶硅、多晶硅和非晶硅等。硅电池的主要缺点是生产成本高和光电转换率低。由于太阳能电池对硅元素的纯度要求极高，故生产成本高；而要提高硅电池的光电转换率也很难，经过几十年的研究，光电转换率从6%仅提高到不足20%（生产上）。正是由于硅电池的生产成本高和光电转换率低，便使光伏电价居高不下。

既然高纯度硅的生产成本降不下来，那么，科学家们就从减少硅电池对硅的用量上下工夫。这就是第二代硅太阳能电池。

第二代光伏电池——薄膜电池

第二代光伏电池是薄膜太阳电池。薄膜太阳电池是把硅晶体做成薄膜，

硅太阳能电池

涂在衬底材料上。常用的衬底材料有玻璃、不锈钢、聚酯膜等。

薄膜太阳电池中硅晶体薄膜的厚度不超过 5 微米，而晶体光伏电池的厚度一般为 180～200 微米。正因为薄膜太阳电池所用的硅晶体，只有第一代硅晶体太阳电池的百分之几，所以其造价便大幅下降。

但是薄膜太阳电池的致命缺点是光电转换率低，只有 5%～11%，是硅太阳电池的一半左右。

如何才能既提高光电转换率，又降低成本？为达此目的，第三代光伏电池问世了。

第三代光伏电池——聚光光伏发电

为提高光伏电池的光电转换率，已经研究开发了三十多年的聚光太阳能电池粉墨登场了。业界认为这将是第三代光伏电池。因为它克服了第一代、第二代光伏电池在生产过程中高耗能、高污染的缺点，若能大规模生产，用其发电的电价有可能降低到能与火电、水电竞争的水平。

聚光光伏发电(CPV)的基本原理是结合了光热发电和光电发电的优势，它是用聚光器(菲涅尔透镜)把阳光聚集增强几百倍甚至几千倍，然后使聚焦后的阳光照射到电池板上。该电池板可用硅晶体，也可用多结器件，如由锗、砷化镓、镓铟磷三种不同的半导体材料，形成 3 个 P－N 结。这样，理论上光电转换率可达到 68%。目前在生产上，当聚光达到 500 倍左右时，它的光电转换率可达到 36%～40%。

目前第三代聚光光伏发电正从实验室走向工程化的过程中。据统计，现在第一代硅太阳能电池约占市场份额的 80%；薄膜电池约占 19%；而聚光光伏电池也已进入市场，约占市场份额的 1%。

新兴产业相互促进突破技术瓶颈

各项新兴产业都有技术瓶颈需要突破，而突破这些技术瓶颈不是齐头并进的，而是相互促进，有时还会发生连锁反应。尤其是新材料产业技术瓶颈的突破，往往会引起“多米诺骨牌”效应。如纳米技术、纳米材料的大发展，将促进量子计算机、纳米机器人、智能机器人、太空电梯、纳米陶瓷、纳米储氢材料等一系列新材料、新设备、新工艺、新产品的问世，这将带动整个新兴产业

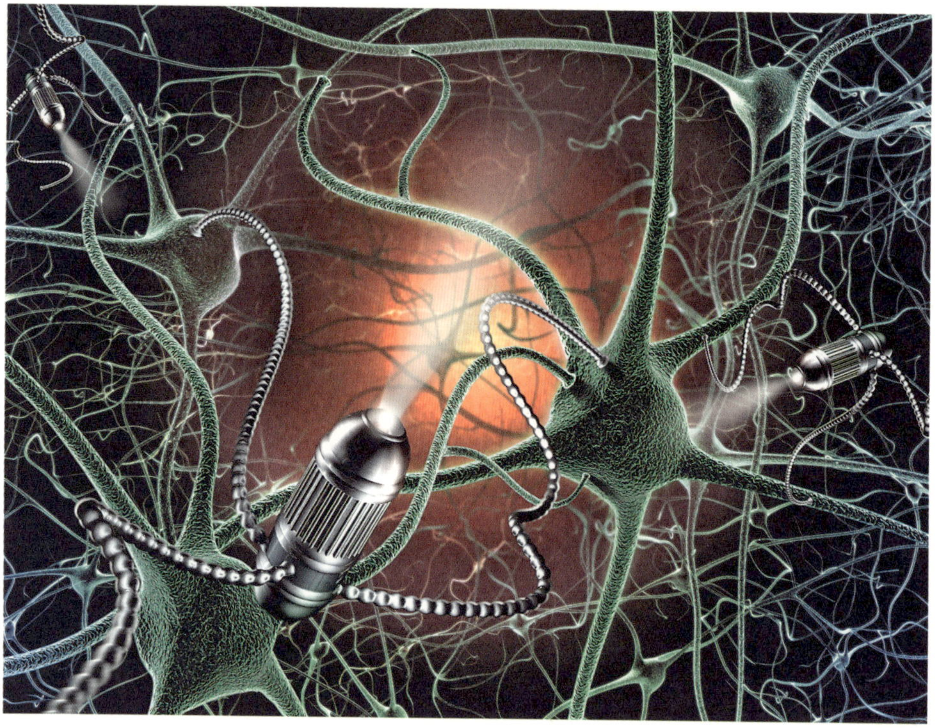

纳米机器人

群的跳跃式发展。如半个多世纪前，正是由于半导体材料的大突破，才开启了新兴产业群的产业化进程和信息产业的大发展，迎来了信息时代。

为此，要加快新兴产业的发展速度，关键在于各项高新技术“技术瓶颈”的突破。这也是中国梦能实现的关键。

缓解自然灾害

建设美丽中国

“美丽中国”是中共十八大首次提出的最受群众欢迎的新名词。“建设美丽中国”自然就成为实现中国梦的重要内涵，因为我们既要社会物质财富极大丰富，更要天蓝、地绿、水净的生态环境。

但是目前由于工业社会对环境“欠债累累”，已经造成严重的地球环境危机：自然灾害频繁、土地沙漠化、严重的环境污染、生态失衡等。

因此，建设美丽中国，必须要恢复其绿水青山的美丽面貌。这就要依靠新兴产业的大发展，因为新兴产业是建设美丽中国的重要手段。

要圆中国梦，要建设美丽中国，就涉及人与自然的关系了。

桂林山水

新兴产业与缓解自然灾害

“缓解自然灾害”的提法与“征服自然”是不一样的。目前的主流观点认为：工业时代人类“征服自然”的实践是错误和失败的。他们以为自然界威力无穷，“人定胜天”是不可能办到的。

对于“人定胜天”的说法，可以说是仁者见仁，智者见智。科普作家张庆麟老师就认为：“人定胜天的命题值得商榷。这就像世界是可知还是不可知的命题一样难有结论，当我们揭开一个自然之谜之后，又会出现另一个更加难以了解的自然之谜。就像物质的最小单元，有了基本粒子，又会有更小的夸克，夸克之下还会有什么呢？同样，当人类战胜了某种自然之后，必定又会出现另一个需要面对的难题。石油、煤的滥用，导致气候变暖，环境恶化，以后地热、氢能、风能等的滥用，就不会产生新的问题吗？所以我以为人定胜天之说，应该掌握适当的分寸，留有余地。”

笔者认同张老师的看法，也认为“人定胜天”是有范围的和相对的。所谓范围，这里只是说在圆“中国梦”、建设“美丽中国”和“共建地球村”的范围内，人是可以把地球建设好的。

人与自然

在地球上，自从人类诞生之日起，由于人们生产、生活所需的一切物质和能量都是取自自然界，因此，从一开始，人与自然的矛盾就是地球上最根本的矛盾。在工业社会中，由于生产力的发展，以及人们处理不当，使人类的生产活动达到和超过了自然界所能承受的极限。这时，自然界向人类发出了“警告”——出现环境污染、气候变暖、自然灾害频繁、土地沙漠化、生态失衡、资源短缺等现象。地球环境的恶化将直接影响到全人类的生存。这时，地球上人与自然的矛盾便尖锐化了。

在人与自然这一对主要矛盾中，矛盾的主要方面也在发生转化。在原始

风积沙淹埋居民宅院

社会和农业社会中，人们靠天吃饭，相对于威力无穷的自然界，人的力量显得如此渺小，这时矛盾的主要方面是自然界。但是自然界是无意识、无目的的，它只是按自身的客观规律运行。而人是有目的的，人们一刻未忘改善自己的生活环境和条件。

不过人与大自然较量的过程并非一帆风顺。在工业时代，当人们掌握了钢铁材料、蒸汽动力和机械设备后，人们的自信心大为提高，在还未充分掌握客观规律的情况下，就第一次向自然界发起了“夺权”斗争，提出了“征服自然”的口号。其结果是，在这第一次人与自然的“较量”中，人类打了败仗。人们非但没有“征服自然”，反而破坏了自然环境，把地球整治得千疮百孔、满目疮痍。在失败中，人们醒悟了，认识到要与大自然和谐共处，要维持“可持续发展”。

对“征服自然”的反思

人类有史以来，最“宏伟”的实践活动就是工业时代“征服自然”的实践。这是人类第一次真正与大自然“较量”，但却以人类的失败告终。孙子兵法曰“知己知彼，百战不殆”。在工业时代“征服自然”的较量中，人们既不知彼，又不自量，所以失败就是必然的了。

尚未充分掌握自然规律

在工业时代，以牛顿力学为基础的近代科学蓬勃发展。物理学、化学、数学、生物学、天文学、地理学等学科初具规模。与此同时，钢铁材料、蒸汽动力、机械制造等应用技术大量应用于生产，形成产业。科学技术和生产的大发展，使人们以为这些就足以与大自然抗衡了。其实，近代科学相对于大自然，只不过是“九牛一毛”。从现代科学技术的水平，回顾当时的无知，至少有以下教训值得铭记。

不懂得生态平衡 在工业时代的初期，人们没有意识到自然界是个系统，是个有机的整体。自然界的存在和发展必须符合生态平衡的规律。目前地球上的生态环境，是由人类对原有自然生态系统施加影响而形成的。地球上的自然生态系统是个复杂的大系统，而生物圈是经过了三十多亿年的进化才形成的。当人们不懂得生态平衡的规律时，贪婪地向自然界索取，必然会破坏生态平衡，破坏人类赖以生存的生态环境。

破坏和浪费地球资源 地球上自然资源的有限与无限是辩证的，不仅生态系统不能任意破坏，即使地球上的无机系统也不能破坏和浪费。当社会生产力低下时，人们认为，地球内似乎蕴藏着无穷无尽的矿物资源，可以任意开采。但当技术水平提高后，人们才发现，原来地球上的矿物资源也是有限的，不能任意破坏和浪费，照此开采下去，大多数矿产资源再过几十年就可能开采殆尽。

没有意识到自然界“消化”废弃物能力的有限性 在人类诞生之前的自然界，由于生态系统是平衡的，动植物的排泄物和尸体都由微生物分解后回归自然。因此原来的自然界是没有“垃圾”的。当人类进入工业社会之后，便出现了许多原来自然界不存在的废气、废水、废渣和垃圾。当这些“三废”和垃圾少量进入自然界时，自然界虽然有自净能力，但这是有限度的。当“三废”和垃圾超出了自然界的自净能力极限时，就造成了对地球环境的污染：加剧了“温室效应”，使地球气候变暖；各种自然灾害频发；臭氧层出现空洞，破坏了人类和地球生物的“保护伞”；水污染严重，雾霾猖獗，毒害人们；垃圾包围城市，加剧了对地球环境的污染。

垃圾掩埋场

没有掌握足够的手段

人类的实践活动是“目的—手段—结果”反馈的不断重复。欲达到目的，首先必须有相应的手段。在工业时代，人们凭借着各种钢铁机械和化石能源（石油、煤炭），是不足以与大自然抗衡的。

人类掌握的能源不足以与自然界的能量相抗衡 能源就是能量的来源，是力量的源泉。大自然之所以威力无穷，就在于自然界蕴藏着巨大的能量。地震、火山喷发、飓风、洪水、旱灾等都是自然界不可控能量的大爆发。人相对于自然界之所以如此渺小，是由于人类几乎不掌握能量。自然界的不可控的能量，与人类已控制的能量相比，要高出好几个数量级。由于差距太大，由人类控制自然界的能量增长将是一个渐进和漫长的过程。

人类没有足以控制自然的“劳动力” 人的体能、体力在威力无穷的大自然面前犹如蝼蚁。但人有智慧、有创造力，人能够创造出各种工具来改造自然。在工业时代，凭着各种钢铁机械，虽然也能上天入地，翻江倒海，但无论数量和质量都不足以控制自然。尤其是各种机械都还需要由人来操作、驾驶，这就大为限制了机器的作用。与太阳能、地热能等的大规模开发相对应，就是必须研制出大批能够直接应用这些能源的机器人。新能源和能够自主作业的机器人，才是与大自然相抗衡的基础力量。

新兴产业与缓解自然灾害

新兴产业缓解自然灾害，比较典型的例子就是冰岛人在火山脚下开发地热能以缓解火山喷发，这就是把大自然不可控的灾害性能量转化为被人们利用的能源；同理，人们迟早也会想出办法，把风灾、地震灾害等不可控能量转化为被人们利用的能源。

实际上要缓解自然灾害是建设美丽中国和共建地球村大工程中难度最大的一项。我们说再过 35 年，建设美丽中国能“初见成效”，但对缓解自然灾害来说，所谓初见成效估计只能对缓解旱涝灾害、森林火灾、虫灾等方面会有明显的效果。至于对风灾、地震灾害等破坏性极强的自然灾害，即使新兴产业发展到全盛时期，也许仍无法控制。因为大自然中存在许多不确定、不可测的因素，但人们永远不会放弃缓解自然灾害的努力。

自然灾害主要有气象灾害、风灾、雾霾灾害、森林灾害、虫灾、火山喷发、地震等。对于防治和缓解气象灾害、雾霾灾害、森林灾害、虫灾和火山喷发等，人们一直很重视，而且已开始了对它们的防治。但对于风灾和地震，由于目前还没有找到缓解它们的方法和思路，因此，想要达到全面缓解自然灾害，估计要用更长的时间。

美国路易斯安那州飓风过后

缓解气象灾害

气候对人类生产和生活有着重要的作用，但同时，大气也对人类的生命财产和经济建设等造成了直接或间接的损害，这就是气象灾害。地球上自然灾害频繁发生，而气象灾害占到自然灾害的70%以上。狂风刮倒房屋，暴雨引发洪涝，雷电致人死伤、引起火灾……

气象灾害的特点

种类多　气象灾害的种类很多，主要有暴雨洪涝、干旱、雾霾、热带气旋、霜冻低温等冷冻灾害、风雹、连阴雨和浓雾及沙尘暴等20余种，如果细分，可达数十种甚至上百种。

范围广　从时间上看，一年四季都可出现气象灾害；从空间上讲，无论在高山、平原、高原、海岛，还是在江、河、湖、海以及空中，处处都有气象灾害。

频率高　由于气象灾害种类多，因此经常有气象灾害发生。中国每年都会出现旱、涝和台风等多种灾害。

持续时间长　有些气象灾害持续的时间较长，同一种灾害常常连季、连年出现。尤其是旱灾，有时甚至可连续多年。

连锁反应显著　一种气象灾害可能会引发其他灾害。如天气条件异常，容易形成或引发洪水、泥石流和植物病虫害等自然灾害，产生连锁反应。

灾情重　有些气象灾害往往会造成严重的后果。全球因自然灾害造成的人员死亡中50%以上是由气象灾害造成的。

在我国总受灾面积中，干旱灾害所占比例最大，约占51%；其次是洪涝灾害，占27%；风雹、低温冷冻和雪灾、台风灾害所占比例分别为10%、7%和5%。

气象灾害的成因

近年来气象灾害的发生率一直在急剧上升。三十多年来全球自然灾害发生频次增加3.2倍,直接经济损失翻了3番。据有关资料统计,1992～2001年,全球气象灾害及其次生、衍生灾害占各类自然灾害的90%左右,导致62万人死亡,二十多亿人口受影响。

造成气象灾害发生的原因是多方面的,归纳起来,主要是自然因素与人类活动两大类。就自然因素而言,最为根本的是大气环流和天气过程的异常。

泥石流

除自然因素外,人类活动和社会经济发展也是气象灾害发生的重要诱因。随着社会的发展、文明的进步,人类活动的影响已经不再是局部性问题,温室效应、环境污染等已经对天气、气候产生影响,并导致了全球气候变化。主要表现为:人口的不断增长带来巨大的资源和环境压力;人类活动影响土地利用,以及污染物排放,造成环境恶化,引发多种灾害;人类活动尤其是化石能源大规模应用,导致温室气体的排放急剧增加,影响全球气候变暖,导致一系列气象灾害的发生。

减灾体制建设

气象灾害伴随着人类社会发展的全过程。目前,在我们还不能完全阻止其发生的情况下,只能逐步掌握其规律,及时作出预警,积极进行防御,

冰雹

将灾害的损失降至最低。我国初步建立了比较完善的、适合我国国情的减灾体制和机制，有效提高了包括气象灾害在内的自然灾害监测、预警、应急和救助能力。经过多年的探索和实践，形成了一整套气象灾害的防御体系，包括防御气象灾害的技术支撑系统、气象灾害监测预报系统、气象灾害应急响应系统等。同时加强应对气候变化能力的建设，做好应对气候变化的决策服务。

控制旱涝灾害

在气象灾害中要数旱涝灾害受灾面积最大，时间最长，危害最重。为此要缓解气象灾害，首先必须缓解旱涝灾害。千百年来，人们在与旱涝灾害抗争的实践中，已积累了丰富的经验，如兴修水利等，若再加上新兴产业的加盟，应该说，缓解旱涝灾害将有可能实现。

2006 年重庆百年一遇的特大旱灾，嘉陵江因旱已露出古河床

旱涝灾害的成因

旱、涝灾害的根源是相同的，简单说来，就是风不调、雨不顺。连续几天大雨滂沱酿成水灾，而长时间的无雨，就出现干旱。具体说来，洪涝灾害和干旱可以从“天”“地”两方面去考察。

小浪底水利枢纽工程

从“天”的方面来考察，事实上，旱涝灾害往往是气候异常造成的。造成气候异常的深层次原因是太阳活动。一般来说，太阳黑子活跃之年，往往是旱涝频繁之年。这是由于太阳黑子活动时辐射的巨大能量通过太阳风对地球施加了影响。温室效应加剧了气候的异常，是近年来旱涝灾害频发的主要原因之一。

再从“地”的方面来考察，主要是看地面是否有良好的排水和蓄水的条件。

要控制旱涝灾害，我们无法从控制太阳活动着手，但可以控制温室效应，尤其是改善地面蓄水排水条件。这样做同样能达到缓解旱涝灾害的目的。要创造良好的排水和蓄水条件需从两方面考虑，一是保持水土；二是兴修水利设施。

兴建水网

水网与电网、交通运输网、信息网的比较

一个国家、一个大洲，都是复杂的社会大系统。在社会系统中，人、财、物、信息的流通至关重要。当前，电能的流通有电网；人和物的流通有物流网和交通运输网；资金和信息的流通有通讯网和互联网。但是淡水资源尚未形

成水网。因此，不仅许多地区淡水资源奇缺，而且旱涝灾害不断。如果在全国范围内能像电网、交通运输网和信息网那样建成水网，那么克服旱涝灾害也就不难了。当旱灾来临，不管老天爷多长时间不下雨，水网一直可以提供充足的淡水，用于工农业生产和人民生活；当连日大雨滂沱，水网就可以起泄洪作用，把多余的水输送到缺水的地区。

虽然现在水网建设难度大、投资高，但我国的水网建设已经起步，那就是宏伟的南水北调工程。该工程可以说是建设美丽中国的伟业中浓墨重彩的一笔。

我国南水北调的大工程

南水北调工程开启了全国水网建设的先河。它不仅能解决北方缺水的问题，更重要的是能基本上克服旱涝灾害。

南水北调的提出，首先是为了缓解中国北方水资源严重短缺的局面，尤其是黄淮海流域的水资源短缺问题，规划区人口达 4.38 亿人。我国南涝北旱，南水北调工程通过跨流域的水资源合理配置，为建设全国水网打下基础，这将大大缓解我国北方水资源严重短缺问题，促进南北方经济、社会与人口、资源、环境的协调发展，同时可解决南涝北旱的旱涝灾害问题。

南水北调主要是从长江调水，分东线、中线、西线三条调水线。西线工程在青藏高原上，从地形上看，可以控制整个西北和华北，但因长江上游水量有限，只能为黄河上中游的西北地区和华北部分地区补水；中线工程从长江支流汉江中上游的丹江口水库引水，自流供水给黄淮海平原大部分地区；东线工程因地势低需抽水北送。

南水北调总体规划

南水北调工程通过三条调水线路与长江、黄河、淮河和海河四大江河的联系，构成了以“四横三纵”为主体的总体布局，初步形成了我国水网建设的骨干框架，以利于实现中国水资源南北调配、东西互济的合理配置格局。以后若再加上诸多支流和湖泊，便能像电网、交通运输网和信息网那样，形成全国性的水网。

南水北调工程总体规划最终调水规模为 448 亿米^3，其中东线 148 亿米^3，中线 130 亿米^3，西线 170 亿米^3，建设时间需 40～50 年。整个工程将

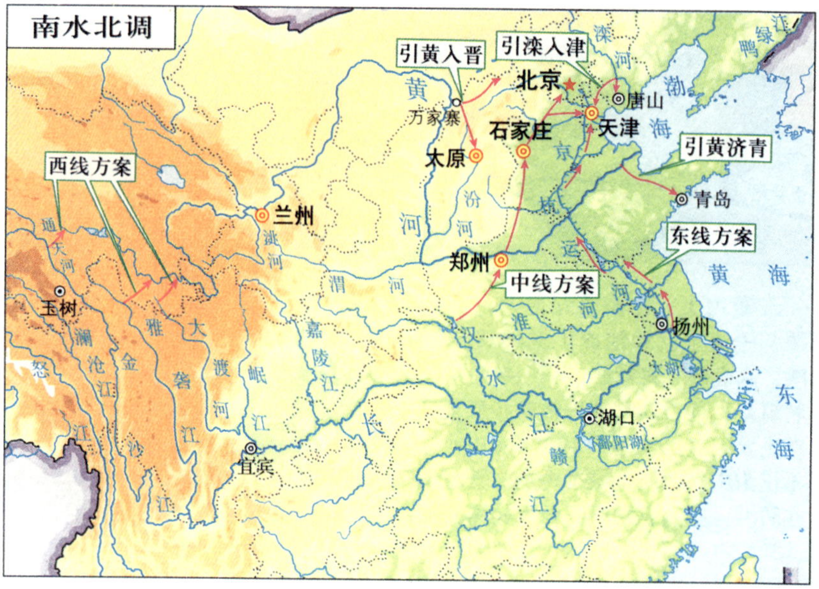

南水北调规划图

根据实际情况分期实施。建成后将解决南涝北旱的旱涝灾害问题，同时也能解决七百多万人长期饮用高氟水和苦咸水的问题。

（1）东线工程

东线工程是利用江苏省已有的江水北调工程，逐步扩大调水规模并延长输水线路。东线工程从长江下游扬州抽引长江水，利用京杭大运河及与其平行的河道逐级提水北送，并连接起调蓄作用的洪泽湖、骆马湖、南四湖、东平湖。出东平湖后，分两路输水：一路向北，在位山附近经隧洞穿过黄河；另一路向东，通过胶东地区输水干线，经过济南，输水到烟台、威海。东线工程开工最早，并且有现成的输水道。

（2）中线工程

中线工程从丹江口大坝加高后扩容的汉江丹江口水库调水，沿豫西南唐白河流域西侧过长江流域与淮河流域的分水岭方城垭口后，经黄淮海平原西部边缘，在郑州以西穿过黄河，继续沿京广铁路西侧北上，可基本自流到终点北京。中线工程主要向河南、河北、天津、北京 4 省市沿线的二十余座城市供水。中线工程已于 2003 年 12 月 30 日开工，计划 2013 年年底前完成主体工程，2014 年汛期后全线通水。

（3）西线工程

西线工程是在长江上游通天河、支流雅砻江和大渡河上游筑坝建库，开凿穿过长江与黄河的分水岭巴颜喀拉山的输水隧洞，调长江水入黄河上游。西线工程的供水目标主要是涉及青海、甘肃、宁夏、内蒙古、陕西、山西等，以解决黄河上中游地区和渭河关中平原的缺水问题。若结合兴建黄河干流上的骨干水利枢纽工程，还可以向邻近黄河流域的甘肃河西走廊地区供水，必要时也可及时向黄河下游补水。但由于工程量很大，故截至目前，还没有开工建设。

对南水北调的争议

任何一项大工程都有其两面性，当它在创造社会价值的同时，必然存在缺陷和不足。为此，对南水北调的争议不断，是很正常的。反对者认为：南水北调工程的缺点主要有三大方面：一是造价太高，从经济上看不合算；二是怕长江水量不足；三是考虑到是否会影响生态环境。

笔者认为，随着新兴产业的大发展，这三大缺点都是可以克服的。

（1）关于耗资巨大的问题

反对者认为，南水北调工程量巨大，所耗人力、物力、财力，加上移民所需费用以及调水时所耗电能等，总计调水的成本将高于现在海水淡化的成本。

南水北调工程北京燕山施工现场

目前成本最低的海水淡化，淡水的成本约为 3 元/米^3；而南水北调得到的淡水成本要达到 10 元/米^3。另有报道称，认为有可能高达 18 元/米^3。

从当前的成本价计算，南水北调也许是不合算的，但当新兴产业大发展后，新能源产业使电价下降；高端装备制造产业提供廉价的装备和不领工资的机器人劳动力，工程投资就会大幅度下降；至于移民投资，随着我国城镇化建设的深入发展，也会迎刃而解。

(2) 长江水源可能不足的问题

现阶段南水北调的水源主要依靠长江水。当长江处于枯水期，以及长江流域发生旱灾时，很有可能长江水源不足。但当新兴产业发展后，还有两大水源可保证水源充足。一是海水淡化；二是地下水。

当电价便宜后，海水淡化产业便会大发展。但淡化了的海水需要“东水西送”。那时，以南水北调为基础建成的全国水网，便可把淡化了的海水送到全国各地。

另一大淡水资源是地下水。有资料提供，全球浅层地下水的水量是地面淡水水量的 33 倍。若能把地下水纳入水网系统，那就不愁水源不足了。只是地下水这个淡水资源的大仓库也需要科学开发。目前我国对地下水的开发很不科学，有些地区过度开采，已造成地下水位下降、地面沉降和地下水污染等。要把地下水纳入水网系统，首先应摸清地下水的底细，作出规划，才能分步实施。

(3) 影响生态环境问题

大规模的调水的确有可能影响生态环境。但建设美丽中国的主要任务之一便是保持生态平衡。因此，南水北调影响生态平衡的问题，需要多方合作来解决。

中国的南水北调工程开启了大国兴建水网的先河。预期随着新兴产业的大发展，尤其是新能源产业、新材料产业、高端装备制造业的大发展，将迎来一个兴建水网的高潮。

缓解风灾的设想

风灾是一种气象灾害，主要的风灾是飓风和龙卷风。飓风也称台风，飓风与台风只是同一种气象现象在不同地区的称呼，它们本质上都是一种空气旋涡，破坏力很强。

风灾的成因

飓风的成因

飓风的形成需要满足三个条件：温暖的水域；潮湿的大气；海洋洋面上的风由于地球旋转的偏向力，把空气变成向内旋转流动的旋涡。在多数风暴结构中，空气会变得越来越暖并且会越升越高，最后流向旋涡外界的大气。

在北半球，飓风呈逆时针方向旋转，而在南半球则呈顺时针方向旋转。它一般伴随强风、暴雨，严重威胁人们的生命财产，对民生、农业、经济等造成极大的冲击，是一种影响较大，危害严重的自然灾害。飓风常发生在大西洋、墨西哥湾、加勒比海和北太平洋东部。我国东南沿海，每年夏秋季节总有多次台风过境。台风中心附近最大风力达 12 级或 12 级以上。

龙卷风的成因

龙卷风是在极不稳定的天气下，由空气强烈对流运动而产生的一种强烈的、小范围漏斗状的强风涡旋。龙卷风上部是一块乌黑或浓灰的积雨云，下部为下垂形如象鼻的漏斗状云柱，其中心附近风速一般为每秒 50～100 米，有时可高达每秒 300 米，其风力可达 12 级以上，一般伴有雷雨，有时也伴有冰雹。龙卷风一般仅维持十几分钟到一两小时，但破坏力惊人，能将大树连根拔起，将建筑物吹倒，或把地面物体卷至空中。

美国被称为“龙卷风之乡”。美国地处中纬度地区，主要被副热带高压控制。大西洋、太平洋和墨西哥湾的暖湿空气源源不断地向美国大陆输送，与来自西部落基山脉的干燥冷空气在低地平原相遇，积雨云开始积聚。当雷雨

台风

云积聚到一定强度后，龙卷风就产生了。

缓解风灾的设想

“四大怪招”难降飓风

飓风是令人类胆怯的自然界力量，难道人类真的对它束手无策？难道真的无法降低飓风的强度？人们从各种不同的角度献计献策，虽然有的设想近于荒谬，但也许人们可以从中发现合理的部分。事实上，早在20世纪60年代初，美国政府就曾资助过减轻飓风强度的研究计划——“风暴狂怒工程”。

在飓风上空投撒碘化银 数十年来，美国国家海洋与大气管理局及其前身曾利用飞机在飓风内部最高、最冷处投撒碘化银（一种被当做有效冰核的物质），试图减少飓风的威力。在“风暴狂怒工程”实施期间，科学家曾先后四次使用播云的方式试图减少飓风的强度。但由于“风暴狂怒工程”存有缺陷，最后没有取得成功。

用核武器摧毁飓风 其实，除了试图减轻热带风暴的威力之外，科学家还提出了其他许多降服这一“怪兽”的设想。有人提出，应该简单地用核武器摧毁热带风暴。那么这种方法可行吗？科学家经过分析后指出，除了这种方法可能不会改变风暴的强度外，这一建议还忽视了一个问题，那就是如果真的用核武器来摧毁风暴的话，释放出的放射性尘降物将会与风一起迅速移动，造成核污染，而且会引发大陆地区破坏性的环境问题。

龙卷风

用冰山和深海海水冷却洋面 由于飓风是从温暖的海洋水域中吸取能量，有人建议从北极取一些冰山来降低海面的温度，还有人建议把海底的冷水抽到海面上来以降低海洋表面的温度。但这个方法并不具有实际操作性。

用新型液体覆盖洋面 由于飓风的形成和扩大，需要极大数量的水蒸气，一些科学家就提出这样的设想：发明某种液体置于海洋表面，防止水分的过度蒸发。如果该研究可以在飓风来临时发挥作用，就能对飓风强度起到一定的限制作用。可是，上哪儿去找这种可以在波涛汹涌的洋面上仍能连在一起的液体呢？又怎样置于海洋表面？这一想法因此无法试验和实施。

把风灾的能量转化成电能的设想

从以上的“怪招”可见，人们对如何控制风灾，还没有找到切实可行的办法，尚处于广泛献计献策的“头脑风暴法”阶段。这里笔者也献一“怪招”——利用飓风的能量发电。这个“怪招”的思路来自科学家在研究风力发电时，曾提出利用大气对流层稳定而巨大的风力，用以发电的新思路。

前苏联的一个科学家小组为寻找稳定而更为强劲的风力，在地球的大气层中进行了广泛的调查。他们发现，在距地面 10～12 千米的大气层中，有一对流层，其风速达每秒 25～30 米，风能比地面大气层的风能大 2000 倍，相当于地面上的 10 级狂风，而且稳定不变。显然，这是一种巨大的风力资源，因此，科学家们计划利用这种巨大的风能，作出对流层风力发电站的设计。

对流层距地面10～12千米，若按陆地风力发电站的模式建造风力发电机的塔架，该塔架相当于三千多层的摩天大楼那么高。从目前的工程技术水平来看，几乎是不可能建造的。于是，科学家们设计出“空中楼阁”式的风力发电站。

这个新思路虽然是“异想天开”，但用现代技术却是有可能做到的方案。科学家们准备把一个重约30吨的巨型风力发电机组，用庞大的氦气球或飞艇升高到离地面10～12千米的高空，放在狂风大作的对流层中。然后采用纳米材料制成的绳索将气球和风力发电机连在一起，而氦气球则用绳索固定在地面上。风力发电机发出的电力通过导线传到地面，地面上安装有大功率的变压器和控制设备。

高空风力发电站的蓝图虽然设计出来了，但真要建成这种电站却不是一件轻而易举的事，还有不少的技术瓶颈有待克服。不过，这个方案至少存在可行性，故可以借鉴用于克服风灾。设想，假若在飓风的上空飞来一大群挂着空中风力发电机的飞艇，风力发电机巨大的叶片被飓风的气旋推动，飞快地旋转，发出电来。同时，大为缓解了飓风的威力。这就是利用飓风的能量进行风力发电。这样，即使不能完全消除风灾，至少可以缓解风灾的威力。

借鉴“空中楼阁风力发电站”的方案，用于克服风灾，其使用条件是不同的。

首先，发生风灾的位置不是固定的，而是随机变化的，为此，高空风力发电站就不能是固定式的；其次，发生风灾的高度不会进入10～12千米高的对流层。因此，作为克服风灾的“高空风力发电站”方案，需要作两大修改：其一，高空发电站的运载工具只能用飞艇，不能用气球。而且飞艇不能固定，需要招之即来，来之能发电。

其次，由于高空发电机不是固定的，因此，高空风力发电站发出的电力也不能用固定的导线传到地面上，只能用微波传送。也就是说，高空发电机发出的电力需要使之转换成微波，并发向地面的微波接收站，在地面微波接收站再转换成电能后，方可并入大电网使用。

缓解火山喷发

地球上有多少火山

据报道，地球上已知的“死火山”约有 2000 座；已发现的“活火山”共有 523 座，其中陆地上有 455 座，海底火山有 68 座。火山在地球上的分布是不均匀的，它们都出现在地壳中的断裂带。

意大利埃特纳火山喷发

冰岛人的妙计

在大西洋北部，面积约 10 万千米^{2}的冰岛共和国是一个完全由海底火山喷发物堆积而成的火山岛国。据统计，冰岛境内的火山多达两百余座，其中活火山就有三十多座，平均每 5 年就有一次火山喷发。1963 年 11 月，冰岛南海海域发生了海底火山喷发，一昼夜之间海面竟升起了一座新的火山岛——苏尔特塞岛，为冰岛共和国增加了一块新的领土。

科学家们经过研究发现，冰岛之所以火山多，其原因是冰岛处在撕裂的大西洋中央裂谷唯一露出洋面的陆地上，因此，当裂谷猛然撕裂之时，就是冰岛火山喷发之日。

1783年，在长约30千米的裂谷地带，有一百多个火山口同时喷发，炽热的熔岩吞噬了二十多个村镇，1/5的冰岛人因此丧生。然而，近年来，冰岛火山相对宁静，除地壳板块运动不太活跃外，还由于冰岛人利用火山的热能，化祸为福。正是火山给冰岛人带来了丰沛的地热。冰岛地热资源丰富，有热田八百余处，是世界上热田最多的国家之一，开发出的地热保证了全国55%的能源供应。

在这冰与火的夹缝中寻找生存的冰岛人，有着应付严寒和熔岩的绝妙本领，他们的主要办法，就是利用火山。火山是怎样形成的呢？地球内部是很热的，而且越往下温度越高。在20千米深的地方，温度已使岩石处于融熔状态。液态的岩石，亦称岩浆。当岩石熔化成岩浆的时候，它开始膨胀和扩张。

冰岛的地热发电站

岩浆沿着由于地壳隆起而形成的裂缝上升，当上层岩石的强度抵挡不住下面岩浆的压力时，火山便喷发了。火山喷发一直要持续到下面的高压气体完全释放完为止。从火山里喷发出来的物质主要是气体，不过也会抛出大量的熔岩和看起来像灰烬和渣子一样的固态物质。

如果把火山喷发比作炉子上即将燃起来的油锅，那么，防止油烧起来的最好方法就是在油将要燃烧的一刹那，熄灭炉火。聪明的冰岛人想出了一个“釜底抽薪”的办法，他们在即将喷发的火山上，打上几口斜井，使积累的火山能量提前释放出来，并用它的热能，造福民众。

冰岛87%的家庭使用地热取暖。冰岛人利用地热能建设地热温室，发展生态农业。在20世纪80年代中期，他们还开发了地热养殖业，大大加速了渔业的发展。

冰岛人利用地热能开发了洗浴保健和特色旅游业，全冰岛约有160个游泳池，其中130个是利用地热能加热的，大多数是全年开放的露天游泳池。此外，冰岛的地热能还用于工业生产和发电。

地震灾害能控制吗

地震灾害是众多地质灾害之首。1967 年 7 月 28 日，中国唐山突然发生 7.8 级强烈地震，顷刻之间这座百年古城夷为平地，24.2 万人逝于瞬间，震惊了全国，震惊了世界！2008 年 5 月 12 日，中国汶川又发生了里氏 8 级的大地震，伤亡惨重。据统计，近百年来与唐山一样，顷刻惨遭毁灭的城市有 26 座之多。

2011 年 3 月 11 日，日本东北部海域发生里氏 9.0 级地震并引发海啸，造成重大人员伤亡和财产损失。地震引发的海啸影响到太平洋沿岸的大部分地区。地震造成日本福岛第一核电站 1～4 号机组发生核泄漏事故，引起全世界对核电的恐慌。

汶川大地震后的场景

地震的成因

地震是地壳的一种运动形式。但是，地壳为什么会运动，是怎么运动的？为什么会产生像地震这样的运动？因为科学界对地球内部的构造还知之甚少，对板块漂移、地幔热对流、地球自转速度变化、洋底扩张等假说都存在不同的看法。总之，关于地震的成因，现在还是一个说不清楚的问题。

地震预报是世界性难题

由于地震的成因尚未搞清，因此，到目前为止，地震预报还是一个世界性难题。地震预报必须同时预报时间、地点和强度，由于地震情况复杂，有些地震能预报,有些则无法预报,现在全球预报地震的准确率只有大约20%。目前,包括像美国、日本等发达国家在内,地震预报仍然处于探索阶段。近年来,有一些科学家对地震预测持否定意见。有人甚至发表“地震无法预测”的论文。但另有一些地震科学家对地震预报的成就给予了肯定,认为地震发生地点、时间、震级的短期预报终将实现,而长期预报的成就则更加突出。

控制地震的设想

人们虽然还不清楚地震的成因,也无法正确预报地震,但对于如何控制地震,却有着各种浪漫主义的思考。这些设想,虽然方法多种多样,但原理都一样,就是化大地震为小地震,认为地震是地应力积聚的结果。而地应力是可以监测的,如果在监测到地应力高于一定程度(比如5级),便可使用各种方法制造人为地震,以释放出能量。也就是说,想缓解地震,可用人工的方法诱发多次小地震,使地震的危害减到最小。

人造闪电缓解地震

意大利罗马市的地质学家瓦莱利奥·德鲁贝斯说:“已经有越来越多的专家认为,准确预测地震是不可能的。但是,能否采用其他方法避免地震带来巨大损失和伤亡呢? 如果人类难以预测地震或做好预防准备,那么,是否可从本质上控制地震的发生呢?”德鲁贝斯认为是可能的。他组建了一个国际研究小组,小组中的专家们认为他们可能找到了一种能达到这个目的的方法。他们设想逐渐把地壳应力从地球内部每次释放一些,其具体方法是:利用人造闪电穿透地球表面,引发地球的小规模震动。研究小组为此研制了产生人造闪电的“地震机器”。

这可谓是一项大胆的计划,不过存在一定的风险。专家们的地震机器有一个“启动”按钮,然而,目前似乎还没有一个“停止”按钮,以使小地震停止,避免引发大地震。

注水法缓解地震

注水法控制地震的想法首次出现在1966年。当时,美国地震专家戴维·伊文斯注意到科罗拉多州丹佛落基山兵工厂附近发生的一连串小地震。地震是因为兵工厂的工作人员将废水注入地下,伊文斯怀疑这些地震是由此引发的。经过研究发现,原来是那些废水挤入了基地下方的断层线,结果形成了使断层线两边地面分裂的压力。由于有水注入，使摩擦力减小，两边的地面比较容易出现相对滑动，就容易发生小地震。

一年以后，美国地质勘探局的 3 位专家开始对这种理论进行试验。他们把水注入到科罗拉多州兰格利的一座油田，并观察该地区的地震活动。结果发现，在注水点方圆 1000 米之内，平均每月发生 28 次小规模震动；而一旦他们停止向油田注水，其震动则减少到每月只有一次。这样，便出现了人工控制地震的可能性。

电磁脉冲缓解地震

20 世纪 70 年代中期在前苏联的塔吉克斯坦地区进行的一系列试验，给人们带来了新的希望。前苏联的地震专家们为了更好地了解地震发生的原因和方式，将高强度电磁脉冲射入地下 50 千米处，目的是测量地壳的电传导性，然而却得到了意外的收获。

为了产生高强度电磁脉冲，前苏联的专家们使用了一种新型机器——磁流体发电机。专家们采用将两个电极分开几千米插入地下 4 米的方法，来形成一道人造闪电的电磁波，并导入地球。通过几年的试验，在容易发生地震的地区，山体发出了微弱震动的隆隆声，经研究分析，认为这是电磁脉冲引发的小地震，这就又多了一种引发小地震的方法。

关于如何诱发小地震，以缓解大地震，还有人提出用核爆炸的办法，或者用大强度复合式“炮坑”放炮引发小地震等，但也都是停留在纸上谈兵的阶段。

战略性新兴产业圆中国梦

ZHANLUEXING XINXING CHANYE YUAN ZHONGGUOMENG

沙漠绿化

内蒙古库布齐沙漠绿化

沙漠历来被看作是生命的禁区，黄尘滚滚，飞沙走石，满目凄凉，一片死寂。这样的“生命禁区”地球上竟有3140万千米^2，几乎占地球陆地面积的1/4。我国沙漠面积有大约106.7万千米^2，而我国的可耕地面积要保的底线是120万千米^2，可见我国的沙漠面积几乎与可耕地相当。若能把大约106.7万千米^{2}沙漠都绿化了，那么我国的可耕地资源就增加了近90%。这不得不说是建设美丽中国中的“大手笔”。

所谓绿化沙漠，就是把沙漠改造成草原、森林和耕地等能生长植物，有肥力的土壤。那么首先必须了解沙漠与土壤有什么不同，把沙漠改造成肥沃的土壤需要创造哪些条件，以及这些条件如何创造。我们发现，当新兴产业大发展后，就有可能创造条件，使沙漠绿化。

新兴产业与沙漠绿化

沙漠与土壤的差异

土壤能生长植物，靠的是土壤的肥力，所以肥力是土壤的主要特征。肥力是指土壤能不断地供应和调节植物生长过程中所需要的水分、养分、空气和热量的能力。

土壤的组成包括矿物质、有机质、水分和空气。按容积来说，适于植物生长的土壤约含50%的孔隙，其中土壤空气和土壤水分各约占25%（空气和水分的比例是经常变动的）。土壤的固体部分约占50%。

巴丹吉林沙漠

沃土

土壤矿物质是土体的物质基础，其含量常占土壤固体总重量的95%，体积的38%。矿物质风化分解后释放养分，是植物所需钾、磷、镁等养分的主要来源。

土壤有机质的含量约占土壤固体总重量的5%，体积的12%左右，绝大部分集中在土壤表层，是土壤的重要成分，直接影响着土壤肥力的形成和发展。通常把有机质的含量作为土壤肥力高低的一个重要标志。土壤有机质包括遗留在土壤里的生物残体，以及经过土壤微生物的作用所形成的腐殖质等。微生物体积微小，但数量众多。微生物分泌的酶把复杂的有机物分解，合成为腐殖质。腐殖质在一定的条件下缓慢分解，释放出养分供给植物吸收，同时放出二氧化碳，加强植物的光合作用。

综上所述，形成土壤的基本条件是：矿物质、水、有机质、空气。当然还需要阳光，土壤才能生长植物。

沙漠与土壤相比，沙漠中矿物质、空气、阳光都不缺，主要是缺淡水和有机质。为此欲绿化沙漠，把沙漠改造成良田，就需要大量的淡水灌溉和增加有机质供应，以提高肥力。

新兴产业提供淡水、有机肥和劳动力

多少年来，人们一直想把沙漠改造成米粮川，可不但没有达到目的，荒漠化反而越来越严重。那么，为什么新兴产业能为绿化沙漠出力呢？

沙漠与土壤相比主要是缺淡水和有机质。当前，地球资源中淡水资源奇缺，不少国家和地区连饮用水都供应不足，我国也是缺水的国家，哪里还有多余的淡水用来灌溉沙漠。为此，绿化沙漠就缺乏了物质基础。但是一旦新能源产业大发展，能源价格大幅度下降，我们就可以用淡化海水的办法，向大海要淡水。到那时，就会有用不完的淡水，源源不断地从海洋流向沙漠。

至于有机肥，虽然来源不少，但都有运输的问题。怎样把固体有机肥从遥远的城市和乡村运到沙漠？从现在的运输能力来看，这笔运输费从经济上说，一定是很划不来的。但是在新兴产业大发展的未来，当廉价的运输机器人（各种无人驾驶的运输工具），使用着便宜的燃料电池为能源，则总的运输费用也就会下降了。

当有了大量的淡水和有机肥后，要把沙漠改造成良田，还需要平整沙丘、引水灌溉、建设农田等，这就要有大量劳动力。当机器人产业大发展后，这些体力劳动力就由各种机器人来承担了。

淡水的来源

辽阔无垠的海洋，烟波浩渺的湖泊，奔腾不息的江河，雄伟壮丽的冰川等都是水的来源。但是，这些水中的绝大部分（97%）是又咸又苦的海水，既不能喝，又不能用。人类活动所需要的淡水，只占全球总水量的3%都不到。就是这么一点点淡水，大部分还是蕴藏在难以利用的冰川固体水和深层地下水中。在现有的技术和经济条件下，实际可供我们开发利用的淡水资源——江河、湖泊、浅层地下水等，只占地球总水量的0.3%。

全球到处都在闹水荒，缺水成了世界性的普遍现象。有一百多个国家已蒙受严重缺水之害。那么，哪里还有充沛的淡水来绿化沙漠呢？

现有的淡水

全球缺水，但对淡水的主要供应渠道——河川径流的利用率却并不高。我国淡水资源严重短缺，但在上海吴淞口辽阔的江面，滔滔长江水奔腾入海，平均每年有1万亿米^{3}宝贵的淡水资源白白流入大海。长江流掉的淡水，按我国14亿人口计算，人均每年流掉约700米^{3}的淡水。而我国人均占有淡水仅2300米^3。要充分利用河川径流的淡水灌溉沙漠，往往要使江河水倒流。如我国东南部淡水资源丰富，西北部缺水，而沙漠大部分在西部及西北部。现在我国已制订了南水北调计划，并已开始实施。这是继长江三峡水利工程后的又一项宏伟的水利工程。

陆地上的淡水尚未被充分利用的还有地下水。如我国塔克拉玛干大沙漠和非洲撒哈拉大沙漠的地下都蕴藏着丰富的地下水。还有人提出把极地的冰山拖到陆地上来，用以灌溉沙漠。

海水淡化

当陆地上的淡水已被充分利用，但还不足以浇灌沙漠时，只能向大海要淡水了。进入工业时代后，科学家们先后发明了二十多种淡化海水的方法，而且有些已经在生产中被应用了。目前尚未大规模地用淡化海水来灌溉农田、绿化沙漠，主要是由于淡化海水要消耗大量的能源，而现在能源的价格还较高。沙漠国家科威特就尝试用淡化海水灌溉以种植小麦。但其出产小麦的成本价，是世界市场的小麦平均价格的好几倍。可见，淡化海水在技术上是成熟的，但没有经济上的可行性。因此，只有当新能源的价格大幅度降低时，海水淡化才有可能普遍应用于沙漠灌溉。

海水淡化即利用海水脱盐生产淡水，是实现淡水资源利用的开源增量技术，可以增加淡水总量，且水质好。只要价格便宜，就可以生产出用不完的淡水。现在所用的海水淡化方法有蒸馏法、反渗透法、电渗析法、海水冻结法等，目前应用反渗透膜的反渗透法以其设备简单、易于维护等优点迅速占领市场，逐步取代蒸馏法成为应用最广泛的方法。

海水淡化是人类追求了几百年的梦想。早在四百多年前，英国王室就曾悬赏征求经济合算的海水淡化方法。

现代意义上的海水淡化则是在第二次世界大战以后才发展起来的。第一个海水淡化工厂于 1954 年建于美国，现在仍在运转着。

在中东地区，战后由于国际资本大力开发那里的石油，使这一地区经济迅速发展，人口快速增加，这个原本干旱的地区对淡水资源的需求与日俱增。而中东地区独特的地理位置和气候条件，以及丰富的能源资源，又使得海水淡化成为该地区解决淡水资源短缺问题的现实选择，并对海水淡化装置提出了大型化的要求。在这样的背景下，20 世纪 60 年代初，多级闪蒸海水淡化技术应运而生，现代海水淡化产业也由此步入了快速发展的时代。

在已经开发的二十多种海水淡化技术中，蒸馏法、电渗析法、反渗析法等都达到了工业规模化生产的水平，并在世界各地广泛应用。现在世界上有十多个国家的一百多个科研机构在进行着海水淡化的研究，有数百种不同结构和不同容量的海水淡化设施在工作。一座现代化的大型海水淡化厂，每天可以生产几千吨、几万吨甚至近百万吨淡水。

海水淡化设备

海水淡化方法

反渗透法

反渗透法通常又称超过滤法，是1953年才开始采用的一种膜分离淡化法。该法是利用只允许溶剂(水)透过，不允许溶质透过的半透膜，将海水与淡水分隔开的。反渗透法的最大优点是节能。它的能耗仅为电渗析法的1/2，蒸馏法的1/40。因此，从1974年起，美国和日本等发达国家先后把发展重心转向反渗透法。所以反渗透海水淡化技术发展得很快，工程造价和运行成本也随之持续降低。

太阳能法

人类早期利用太阳能进行海水淡化，主要是利用太阳能蒸馏法。人们对太阳能蒸馏法应用有了近150年的历史，由于它结构简单、取材方便，至今仍被广泛采用。太阳能海水淡化技术由于不消耗常规能源、无污染、所得淡水纯度高等优点而深受重视。

太阳能蒸馏法就是采用简单的太阳能蒸馏器，该蒸馏器由一个水槽组成，水槽底部有一个黑色多孔的毡芯浮筒，槽顶上盖有一块边缘封闭的透明玻璃覆盖层。太阳光穿过透明的覆盖层投射到黑色绝热的槽底，转换为热能，加热海水，使塑料芯中的水从毡芯蒸发，蒸汽扩散到覆盖层上，冷却为液体即蒸馏水，排入蒸馏槽中。

若将太阳能采集与脱盐工艺两个系统结合，就是一种先进的海水淡化技术。先进的太阳能海水淡化设备是用光伏电池通过太阳能发电，得到电能，再用电能来淡化海水的。

多级闪蒸法

所谓闪蒸，是指一定温度的海水在压力突然下降的条件下，部分海水急骤蒸发的现象。多级闪蒸海水淡化是将经过加热的海水，依次在多个压力逐渐降低的闪蒸室中进行蒸发，将蒸汽冷凝而得到淡水。目前全球海水淡化装置仍以多级闪蒸法产量最大，技术最成熟，运行安全性高。多级闪蒸法主要与火电站联合建设，适合于大型和超大型淡化装置。

电渗析法

该法的技术关键是新型离子交换膜的研制。离子交换膜是厚 0.5～1.0 毫米的功能性膜片，分为正离子交换膜（阳膜）与负离子交换膜（阴膜）。电渗析法是将阳膜与阴膜交替排列，组成多个相互独立的隔室，使淡水与浓缩水得以分离。电渗析法不仅可以淡化海水，也可以作为水质处理的手段，为污水再利用作出贡献。此外，这种方法也越来越多地应用于化工、医药、食品等行业的浓缩、分离与提纯等工艺中。

水电联产

水电联产主要是指海水淡化和电力联产联供。由于海水淡化成本在很大程度上取决于消耗的电力和蒸汽的成本，水电联产可以利用电厂的蒸汽和电力为海水淡化装置提供动力，从而实现能源高效利用和降低海水淡化成本。国外大部分海水淡化厂都是和发电厂建在一起的，这是当前大型海水淡化工程的主要建设模式。

海水淡化现状

海水淡化技术的大规模应用始于干旱的中东地区，但并不局限于该地区。由于世界上 70％以上的人口都居住在离海洋 120 千米以内的区域，因而海水淡化技术近二十多年来迅速在中东以外的许多国家和地区得到应用。目前海水淡化已遍及全世界 125 个国家和地区。海水淡化，事实上已经成为世界许多国家为解决缺水问题而普遍采用的一种战略选择，其有效性和可靠性已经得到越来越广泛的认同。

目前，全球海水淡化日产量约 3500 万米^3，其中 80％用于饮用水，解决了一亿多人的供水问题，即世界上 2％的人口靠海水淡化提供饮用水。全球有海水淡化厂约 1.3 万座，海水淡化作为淡水资源的替代与增量技术，愈来愈受到许多沿海国家的重视。

马耳他风光

沙特阿拉伯的海水淡化厂占全球海水淡化能力的24%。阿拉伯联合酋长国的阿里海水淡化厂第二期是全球最大的海水淡化厂，每年可产生3亿米^{3}淡水。

海水淡化技术能否得以推广的关键在于淡化水的成本。淡化水的成本正在不断地降低，有些国家已经降低到和当地自来水的价格差不多的水平。某些地区的海水淡化水量达到了国家和城市的供水规模。地中海中部的马耳他，建有世界上最大的反渗透海水淡化厂。海水在这里乖乖地缴械投降，变成卫生的淡水，为岛上的3万居民和前来观光的旅游者提供服务。

在21世纪以前，由于反渗透膜的生产技术被国外所垄断，我国直到20世纪90年代末才开始掌握了反渗透膜的生产技术，从而开启了我国海水淡化产业的新征程。

有机物的来源

从土壤和沙漠的比较中可知，欲把沙漠改造成土壤，除了需淡水灌溉外，还需有占土壤体积约12%的有机物。土壤中的有机物主要是长年积累的腐殖质。沙漠中几乎没有有机物，因此若只解决淡水来源，尚难以使沙漠生长植物。有机物的来源有城市生活垃圾、农村农作物秸秆、江河湖泊底层的淤泥、有机废水和藻类有机肥等。

城市生活垃圾

城市垃圾、污水、污泥中含有农作物生长必需的多种营养元素，是重要的有机肥资源。但是城市垃圾中混杂着相当数量的瓦砾、玻璃和金属碎片，而且和污水、污泥一样均含有一些有害的重金属和致癌物质。这些有害物质施放到农田中，会污染农用土壤。但是，城市垃圾、粪尿和污水、污泥如不加以

比利时的分类垃圾箱

利用，势必会造成大量废弃物堆积，严重污染环境卫生，也会造成有效资源的浪费。因此，研究城市垃圾、粪尿及污水、污泥的处理和利用，使之达到无害化程度，投入农田，依靠土壤来消纳和净化这些废弃物，既能促进农业生产发展，又能改善生态环境，变废为宝。而对于沙漠绿化来说，这些也是重要的有机肥来源。

城市生活垃圾中通常含有 25%～30%具有一定价值的生物降解物，可作为有机肥。大城市周围都有大面积的垃圾填埋场，侵占着价格昂贵的城郊土地，污染着环境。城市垃圾作有机肥使用，关键在垃圾管理。要求市民分拣垃圾在倒垃圾时分类放置，才能变废为宝。另外，城市中大量的人粪水也是具有肥力的有机肥料。

城市垃圾经分类后还要经过堆肥处理，才能成为有机肥。把城市垃圾制成堆肥施于农田，是处理和消纳城市垃圾经济有效的重要方法。许多科学家认为这是一种最终的处置方式，是最切合实际的生物处理方法，也是资源的再利用。近年来，由于科学技术的发展和堆肥设施的改善，相应地带动了堆肥工艺的进步，这主要表现在堆肥周期缩短，机械化程度提高，降低了劳动强度，提高了堆肥质量，改善了环境卫生等。

江湖淤泥

污泥包括城市下水道的淤泥和江河、湖泊、水塘、水库的淤泥。由于水生生物不断沉积，使河泥、湖泥中包含着大量的有机物，主要有丰富的氮、磷、钾养分和各种有机物质。江河湖泊底层的河泥、湖泥，是肥力丰富的沃土。挖湖泥、河泥用于改造沙漠，是一举两得的措施。

城市郊区都将污泥用作肥料。我国南方水网地区，农民早已有挖取河泥作肥料的习惯。近年来，随着生产条件的改善，许多地区采用吸泥船、吸泥泵收集污泥，大大降低了劳动强度，为污泥的广泛应用提供了条件。我国污泥资源丰富，据江苏省土壤肥料工作站调查，全省河泥资源年储量达 51 亿吨（湿泥）。

但是要把城市生活垃圾和江湖淤泥作为绿化沙漠的有机肥，都存在运输成本过高的问题。只有当新兴产业大发展，使运输成本大幅下降后，从经济上考虑才有实用意义。

吸泥船

有机废水

城镇污水主要包括工业废水和生活废水。这些污水含有一定的有机物质和营养成分，如直接排放到江、河、湖泊中，会引起水体的“富营养化”；污水中的有害物质如排放到水体中，会引起污染，使水质变坏，严重影响水产养殖业的发展和人类健康。污水用于农田灌溉，不仅可以大大节省水资源，还可为农作物生长提供丰富的养分，使农作物增产。不过应用有机废水灌溉农田也需要经过污水处理，否则有害物质会对土壤造成污染。

工业废水中有些是有机废水，如食品厂、制革厂、酿酒厂、造纸厂等排出的废水中都含有大量的有机物。这些废水经适当处理后用于沙漠灌溉，则就成了宝贵的肥水了。而且有机废水可通过管道运输，管道运输的成本可大大低于固体有机物的运输。

蓝藻有机肥

蓝藻中含有丰富的氮、磷、钾元素，如果将它们转化成对农业种植业有益的有机肥产品，就能变废为宝，产生经济效益。

江苏省无锡天仁集团，在2010年年底成立了天仁生物科技有限公司，专门从事蓝藻藻泥有机肥的产品研发和销售。经过技术研发，于2012年有效地解决了太湖蓝藻藻泥无害化处理和资源化利用两大难题。2013年年初，该公司获得了第一笔大额订单——将2000吨蓝藻生物有机肥运往阳山水蜜桃果园。有害的蓝藻成了有机肥料。

蓝藻打捞出来后，经藻水分离处理形成藻泥，然后对藻泥进行无害化处

水下的蓝藻

理和资源化利用。制成的蓝藻有机肥可直接在生态农业园里使用。

将蓝藻有机肥用于沙漠绿化,同样有增加运输费用的问题。若想节省有机物的运输费,也可在沙漠就地生产有机物。日本科学家在科威特沙漠成功地做了试验,仅用了两个普通游泳池大小的培育池,在半年中竟生产出了37吨蓝藻,并用这些蓝藻提炼液制成调味剂,其残渣就是很好的有机肥了。

有了足够的淡水和有机肥,要使沙漠变绿洲余下的就是劳动力的问题。欲整治全国的沙漠,其巨大的劳动工作量是可想而知的,在未来这也许就是机器人的任务了。

消除环境污染

人类的觉醒

消除环境污染是建设美丽中国最基本也是首要的任务。如果大气、水域污浊不堪，地面堆满废渣、垃圾，那还有什么“美丽”可言呢？

人们对环境污染问题的觉醒，始于20世纪60年代。现在，环境与发展已成为国际社会普遍关注的重大问题。每年的6月5日是“世界环境日”。每到这一天，各国都会开展保护环境的纪念活动，动员人们更加努力地行动起来，保护和改善人类共同生存的环境。

1972年，召开了第一次国际环境会议；1992年6月，联合国在里约热内卢召开了第二次国际环境会议；2009年，各国的主要领导人聚集在哥本哈根，召开了志在减少碳排放的哥本哈根会议。

大气污染

人类的觉醒主要表现在以下 3 个方面：

第一，对环境问题的认识逐步一致和空前深化。人们认识到环境威胁是面对世界各国和整个人类的，普遍认识到环境问题的严峻性，以及解决环境问题的紧迫性。这种基于共同利害的历史责任感和全球合作精神，是解决人类共同面临的环境问题的基础。人类要想达到目的——治理地球，首先必须对“目的”达成共识。如中国提出“建设美丽中国”，就包含了对治理环境的具体化措施，并开始付之行动。

第二，找到了解决人类环境问题的正确道路。人们在环境保护的实践中，不断地拓展和加深了对环境问题本质的认识，把环境问题与经济、社会发展联系起来，提出了“可持续发展”“低碳经济”和“循环经济”等概念，以及大力发展环保新兴产业，认识到要解决人类环境问题，只能走经济、社会与环境协调发展之路。

第三，认识到解决人类环境问题，是发达国家和发展中国家的共同责任，并应分别采取实际措施，治理环境污染。

人类的觉醒，在实际行动上表现为各种环保产业像雨后春笋般迅速崛起，蓬勃发展。

环保产业

环保产业是指在国民经济结构中，以防治环境污染、改善生态环境、保护自然资源为目的而进行的技术产品开发、商业流通、资源利用、信息服务、工程承包等活动的总称。它是指围绕环保事业发展而开发的产业，在美国称为“环境产业”，在日本称为“生态产业”或“生态商务”。

环保产业是跨产业、跨领域、跨地域，与其他经济部门相互交叉、相互渗透的综合性新兴产业。据统计，全球环保产业的市场规模年均增长率远远超过全球经济增长率，成为各国十分重视的“新兴产业”。

目前状况

进入21世纪，全球环保产业开始进入快速发展阶段，逐渐成为支撑产业经济效益增长的重要力量，并正在成为许多国家革新和调整产业结构的重要目标和关键。美国、日本和欧盟的环保产业是全球环保市场的主要力量，而我国的环保产业也正在日新月异地高速发展。

随着我国经济的持续快速发展，城市化进程和工业化进程不断加速，环境污染日益严重，我国对环保的重视程度也越来越高。由于加大了环保基础设施的建设投资，有力拉动了相关产业的市场需求，我国环保产业总体规模迅速扩大，产业领域不断拓展，产业结构逐步调整，产业水平明显提升。

“十一五”期间，中国环保产业保持了年均15%～17%的增长速度，远高于全球平均增长速度。环保投资的重点领域主要包括水环境、大气环境、固体废物、生态环境、核安全及辐射环境保护建设以及环境能力建设等。

环保产业的类型

环保产业包括三个方面。一是环保设备（产品）生产与经营，主要指水污染治理设备、大气污染治理设备、固体废弃物处理处置设备、噪声控制设备、放射性与电磁波污染防护设备、环保监测分析仪器、环保药剂等的生产经营。二是资源综合利用，指利用废弃资源回收的各种产品，废渣综合利用，废液(水)综合利用，废气综合利用，废旧物资回收利用等。三是环境服务，指为环境保护提供技术、管理与工程设计和施工等各种服务。

德国斯图加特街头的大气微粒监测仪

由于环境保护工作的复杂性，对环保产业的发展应综合运用市场手段和政府力量，根据各类环保产业的特征分别制定发展战略和策略。目前特别要通过市场机制的建设，充分运用好各种投入少、见效快的经济手段，促进清洁生产型环保产业和污染源控制型环保产业的快速发展，减轻我国环境生态面临的压力。

自然资源开发与保护型环保产业

自然资源开发与保护型环保产业主要包括各种自然资源开发和保护、环境生态系统平衡恢复等活动。如植被恢复(退耕还林、退耕还湖)、沙漠治理、地下水资源开发与保护、物种多样化、新能源的开发等，它们是可持续发展的重要内容。

清洁生产型环保产业

清洁生产是通过资源的有效利用实现资源的节约和合理利用，在生产过程中，减少废弃物和污染物的产生和排放，以实现废弃物和污染物的减量化、资源化和无害化。从环境保护的角度看清洁生产型环保产业，主要包括研究、开发和在生产过程中采用先进的技术和设备，减少生产过程的“三废”排放量。清洁生产型环保产业是实现污染治理由“末端治理”向“前端治理”转变的重要战略措施。

美国黄石公园山火后的森林植被自然恢复

污染源控制型环保产业

污染源控制型环保产业主要包括两大部分：一是各类生产型企业内部的各种污染处理工艺；二是各种排放集中处理、综合利用与回收的企业，如污水处理厂、垃圾发电厂等。

污染治理型环保产业

污染治理是指当污染物已经排放到环境中，通过采用污染治理技术减少环境中的有害物质含量，从而改善环境质量的一种方式，如活水公园、人工浮岛等。

我国目前的环境形势相当严峻，污染治理复杂、任务重，环境保护法律法规建设和环境保护技术落后，加上经济实力较弱，我国环境面临继续恶化的危险。但是由于污染治理型环保产业完全不具备市场化的条件，因此，对污染治理型环保产业，应采取以政府为主体的发展战略，加紧建立和完善环保法律法规体系，加大执法力度，实施政府直接管制措施，严厉打击和制约各种有法不依、执法不严的行为。同时，中央及各级地方政府应制定和执行环境规划的目标，落实规划的资金投入，并改进各种环境保护资金的管理办法，切实承担起治理污染、改善环境质量的责任。

消除大气污染

2013年年初，华北大部地区的雾霾天气，其污染物浓度之高，波及之广，持续时间之长均为前所罕见。人们外出之时就已经可以明显感觉到身体不适，74座城市PM2.5最大日均值达到426微克/米^3。按照国务院颁布的《环境空气质量标准》，这些城市的空气质量超标468%，已经达到了严重污染的程度。

大气污染的危害

随着工业的发展，燃料消耗量大幅度增长，燃烧燃料排放的废气加上各种工业生产所排放的其他废气，致使大气承受着前所未有的污染。二氧化碳、硫氧化物以及氮氧化物等的急剧增加所带来的广泛恶劣后果尤其令人关注。

工业文明在为人类创造巨大财富的同时，也把数十亿吨计的废气排入大气之中，人类赖以生存的大气圈却成了空中垃圾库和毒气库。大气中的有害气体和污染物达到一定浓度时，就会给人类和环境带来巨大灾难。世界卫生组织和联合国环境组织发表的一份报告说："空气污染已成为全世界城市居民生活中一个无法逃避的现实。"从极端情况来看，如果人类处在污染十分严重的空气里，就会在几分钟内全部死亡。

烟囱林立(正在排气)

大气污染对人体健康的伤害

大气污染物主要通过三条途径危

害人体：一是人体表面接触后受到伤害；二是食用含有大气污染物的食物和水，导致中毒；三是吸入污染的空气后患了种种严重的疾病。

各种大气污染物对人体健康影响极大：煤烟会引起支气管炎，如果煤烟中附有各种工业粉尘，则可引起相应的尘肺等疾病；硫酸烟雾对皮肤、眼结膜、鼻黏膜、咽喉等均有强烈的刺激和损害；一氧化碳对血液中的血色素亲和能力比氧大210倍，能引起严重的缺氧症状，即煤气中毒；氯气主要通过呼吸道和皮肤、黏膜使人体发生中毒作用等。

大气污染危害生物的生存和发育

大气污染主要通过三条途径危害生物的生存和发育：一是使生物中毒或枯萎死亡；二是减缓生物的正常发育；三是降低生物对病虫害的抗御能力。各种有害气体中，二氧化硫、氯气和氟化氢等对植物的危害最大。

大气污染对全球大气环境的影响

大气污染发展至今，其危害遍及全球。对全球大气的影响明显表现为三个方面：全球气候变暖、酸雨腐蚀和臭氧层破坏。

“温室效应”的严重恶果

地球周围包裹着一层厚厚的大气，形成了一座无形的“玻璃房”，在地球上产生了类似玻璃暖房的效应。本来，这种“温室效应”是正常的，但是，进入工业革命以来，由于人类大量燃烧煤、石油和天然气等燃料，使大气中二氧化碳的含量骤增，“玻璃房”吸收的太阳能量也随之增加。于是，在地球上产生了干旱、热浪、热带风暴和海平面上升等一系列严重的自然灾害，对人类造成了巨大的威胁。

大气中二氧化碳等气体的增加，使全球气候呈趋暖之势。而气候变暖破坏了地球原有的平衡状态，造成自然灾害频繁，影响农业生产。科学家警告说，如果二氧化碳的增加趋势继续下去，将使两极的冰雪层加速融化，海平面将上升，从而对全球沿海城市和数十个岛国造成严重威胁。

酸雨的危害向全世界蔓延

由二氧化硫形成的酸雨已成为全球性的重大环境问题之一。它不仅危害人体健康，并能使湖泊酸化，使鱼虾等水生生物无法生存而成为“死湖”。酸雨进入土壤后，使土壤肥力减弱。酸雨还会直接使森林、农作物遭受灭顶之灾，使生态受到严重威胁。

人类若长期生活在酸雨的环境中，或饮用酸性的水质，都会造成呼吸器官、肾病和癌症等一系列的疾病。据估计，酸雨每年要夺走 7500～12000 人的生命，故有"空中死神"之称。此外，酸雨对仪器、设备和建筑物等都有腐蚀作用。如金属建筑物上出现的锈斑、古代文物的严重风化等。

南极上空出现臭氧洞

在离地面 10～55 千米的平流层里，大气中的臭氧相对集中，形成了臭氧层。大气中的臭氧层，起着净化大气和杀菌的作用，可以把大部分有害的紫外线过滤掉，减少了对人体的伤害，并且能使许多农作物增产。一旦臭氧含量减少，紫外线就会长驱直入，使人体皮肤癌发病率增大，农作物减产。科学家已经发现，在两极上空的臭氧减少，就好像天空坍塌了一个空洞，叫做"臭氧洞"。紫外线就通过"臭氧洞"进入大气，危害人类和自然界的其他生物。"臭氧洞"的出现，同广泛使用氟利昂(电冰箱、空调等的制冷材料)有直接的关系。现在，已有不少国家规定禁止生产氟利昂。

消除大气污染

大气污染物不可能集中起来进行统一处理，而只靠单项治理措施解决不了区域性的大气污染问题。实践证明，只有从整个区域大气污染状况出发，统一规划并综合运用各种防治措施，才有可能有效地控制大气污染。

减少或防止污染物的排放

改革能源结构：在废气防治中，对二氧化碳气体的排放，一般是不进行治理的。因为排放量太大，即使技术上可行，经济上也不合算。因此，欲减少二氧化碳的排放量以使地球的温室效应正常化，根本的途径在于能源结构的变革，减少对煤炭、石油、天然气等有污染的化石燃料的使用，增大对太阳能、风能、水能、地热能、海洋能等无污染能源的开发和利用。

对燃料进行预处理：对燃料预处理，能减少有害废气的排放。如煤的液化和气化，以减少燃烧时产生污染大气的物质，以及采用洁净煤技术等。

改进燃烧装置和燃烧技术：改进燃烧装置，如改革炉灶、采用沸腾炉燃烧等，以提高燃烧效率和降低有害气体排放量。另外，在污染物未进入大气之前，使用除尘消烟技术、冷凝技术、液体吸收技术、回收处理技术等消除废气中的部分污染物，可减少进入大气的污染物数量。

采用无污染或低污染的工业生产工艺：比如不用和少用易引起污染的原料，采用闭路循环工艺以及加强企业管理，减少事故性排放和逸散等。

治理排放的主要污染物

化石能源的燃烧过程和工业生产过程在采取上述措施后，仍有一些污染物会排入大气，应控制其排放浓度和排放总量，使之不超过该地区的环境容量。主要方法有：利用各种去除烟尘和各种工业粉尘的设备和工艺，如电除尘、袋式除尘等；采用气体吸收塔处理有害气体（如用氨水、氢氧化钠、碳酸钠等碱性溶液吸收废气中二氧化硫。用碱吸收法处理排烟中的氮氧化物等）；应用其他物理（如冷凝）、化学（如催化转化）、物理化学（如分子筛、活性炭吸附、膜分离）的方法回收利用废气中的有用物质，或使有害气体无害化。

发展植物净化

植物具有美化环境、调节气候、截留粉尘、吸收大气中有害气体等功能，可以在大面积的范围内，长时间地、连续地净化大气。尤其是在大气中污染物影响范围广、浓度比较低的情况下，植物净化是行之有效的方法。在城市和工业区有计划地、有选择地扩大绿地面积是大气污染综合防治具有长效能和多功能的措施。

对于减少大气中二氧化碳的含量，水藻能起意想不到的作用。植物中貌不惊人的水藻，在灌入二氧化碳的池中，一天之内竟可使体积增加5倍之多。水藻不仅能大量吸收二氧化碳，而且是很好的生物质能，可提炼出柴油或汽油。除了在池塘里培育水藻外，占地球总面积70%的海洋，也是藻类繁育的广阔天地。海洋中有一种巨藻，其长度可达到几十米到上百米。如果大面积种植巨藻，每天就能吸收大量的二氧化碳。

利用环境的自净能力

大气环境的自净作用有物理作用（扩散、稀释、降水洗涤）、化学作用（氧化、还原）和生物作用等。在排出的污染物总量恒定的情况下，污染物的浓度在时间上和空间上的分布同气象条件有关。认识和掌握气象变化规律，充分利用大气的自净能力，可以降低大气中的污染物浓度，避免或减少大气污染危害。

消除水污染

水污染的来源

水是怎样被污染的呢？原因主要有两种：一是自然的，一是人为的。

火山喷发和干旱地区的风蚀作用等所产生的大量细小物质落入水体而引起的水体污染，属于自然污染；向水体排放大量未经处理的工业废水、生活污水和各种废弃物，造成水质恶化，这属于人为污染。而人们通常所说的水污染主要是指后一种，而且也是最主要的。

人类生产活动造成的水污染中，工业引起的水污染最为严重。如工业废水，它含污染物多，成分复杂，不仅在水中不易被净化，而且处理也比较困难。工业污染是水体污染最重要的原因。工业废水所含的污染物因工厂种类不同而千差万别。工业除了排出的废水直接注入水体引起污染外，固体废物和废气也会污染水体。

农业污染首先是由于耕作或开荒使土地表面疏松，这时的降水使大量泥沙流入水中，增加水中的悬浮物。还有一个重要原因是近年来农药、化肥的使用量日益增大，而使用的农药和化肥只有少量被吸收，其余绝大部分残留在土壤或漂浮在大气中，降水后经过地表径流的冲刷进入地表水形成污染。

城市污染源是因城市人口集中，城市生活污水、垃圾和废气引起水体污染而造成的。城市污染源对水体的污染主要是生活污水，它是人们日常生活中产生的各种污水的混合液，其中包括厨房、洗涤房、浴室和厕所排出的污水等。

水污染的危害

水体被污染后，通过饮水或食物链，污染物进入人体，会使人产生急性或慢性中毒。砷、铬、铵类等还可诱发癌症。被寄生虫、病毒或其他致病菌污染的水，会引起多种传染病和寄生虫病。重金属污染的水，对人的健康均有危害。人若摄入被镉污染的水、食物，会造成肾、骨骼病变，摄入硫酸镉 20 毫克，就会造成死亡。饮用含砷的水，会发生急性或慢性中毒。有机磷农药会造成神经中毒，有机氯农药会在脂肪中蓄积，对人和动物的内分泌、免疫功能、生殖机能均造成危害。世界上 80%的疾病与水有关。

水体污染除了危害人体健康外，还会对水生物造成危害。当含有大量的氮、磷、钾的污水排入水体时，便使有机物在水中降解释放出营养元素，促进水中藻类丛生，植物疯长，使水体通气不良，溶解氧下降，甚至出现无氧层，以致水生植物大量死亡、水面发黑、水体发臭，形成“死湖”“死河”“死海”，进而变成沼泽。这种现象称为水体富营养化。富营养化的水臭味大、颜色深、细菌多，这种水的水质差，不能直接利用，水中的鱼类和水生物会大量死亡。

消除水污染的方法

防治废水污染技术，实际上是采用适当的方法，将废水中的有毒有害物

污水处理厂

质进行分离、转化，或使其被回收利用，或使其成为无毒害的水源，从而使废水得到净化。治理废水，并非全然消极处理，常常同时伴以废物的综合利用，亦即实现废物资源化。

按污水来源分类，污水处理一般分为生产污水和生活污水。污染物主要有：未经处理而排放的工业废水；未经处理而排放的生活污水；大量使用化肥、农药、除草剂的农田污水；堆放在河边的工业废弃物和生活垃圾；以及矿山污水等。由于污水集中度的不同，城市污水和农村污水的处理办法各异。

城市污水处理

城市污水处理厂

对于城市污水的处理，建造城市污水处理厂是最主要的措施。

处理污水的方法很多，一般可归纳为物理法、化学法和生物法等。

物理方法其实就是“分离”的方法，把污染物从水体中分离出去。当污水刚进入污水处理厂时，第一道关卡是格栅机，它像是一排排“钉耙”，随着机器的转动将水中较大的垃圾，比如塑料袋、菜皮、鞋子等耙上来，把它们与水分离。然后，污水经过沉沙池，使污水中的泥沙以及较大的颗粒物沉淀下来，分离出去。

虽说物理方法是污水处理的重要技术，但许多污水处理厂的核心技术却是生物处理方法。生物处理法是利用微生物，主要是用细菌来“吃”掉污水中的污染物。许多微生物在处理污水时需要呼吸大量氧气，为了提高效率，必须向处理池中充入氧气或空气，称为曝气。

在城市污水处理厂中，化学方法主要是用于出水消毒。通常是向水中加入氯气，以杀灭出水中的病原微生物。

虽然城市污水处理厂是有效的净化污水的措施，但由于经济和其他一些原因，我国污水处理厂运行的效率不高。有人调查了一百多座大型污水处理厂，由于资金不足、成本高、效率低（普遍效率不足70%，低的只有40%）等原因，一半的污水处理厂在晒太阳呢。

城市生活污水排放已成为中国城市水的主要污染源。城市生活污水处理是当前和今后城市节水和城市水环境保护工作的重中之重，这就要求我们要把处理生活污水设施的建设作为城市基础设施的重要内容来抓，而且是急不可待的事情。

活水公园

另一种经济的、环保的城市污水处理方法就是建设活水公园。这是把人们休闲娱乐的公园,建成一个人工湿地来进行污水处理,使得公园成为城市生态环保公园。

成都的活水公园已经正式开放了。在这个活水公园中,当混浊的府南河水流入活水公园后,第一步就是由水泵把河水送到一个“厌氧沉淀池”。送入池中的河水中的比水重的悬浮物慢慢地沉到池底,然后由池底的排泥管把沉淀物排出。而比水轻的悬浮物,浮于水面,便于由人工清除。

第二步,经过初步沉淀的河水,流入一串形似花瓣的莲花石溪,利用落差产生的冲力,使水在一个个石花瓣中欢跳。这一方面极富动感和观赏价值,同时使水在回旋、震荡中充分获得了大量的溶解氧,为后面微生物的呼吸提供了足够的氧气。

第三步,河水进入微生物处理池。经微生物的生物处理,可“吃掉”许多污染物。

第四步,让河水进入植物池,这是活水公园污水处理的核心部分。它由6个植物塘、12个植物床组成,其中养殖的植物达数十种,包括像浮萍一类的漂浮植物,像芦苇类的挺水植物,像睡莲类的浮叶植物,以及金鱼藻类的沉水植物等。还有多种鱼类、昆虫和青蛙等动物。

当河水经过了植物池便基本得到净化,净化了的河水从这里返回府南河。

农村污水治理的新思路——人工浮岛

农业污水因为分布面广而分散,难于收集也难以治理,所以目前只能利用生物的作用将污染物去除,譬如将高密度的高效去污菌,直接投入污染水体,以部分达到净水的目的。

但是建设“人工浮岛”的新思路将能较好地治理农村的污水。

为消除旱涝灾害,需要水网建设。而水网建设中必然会设有许多大小湖泊和池塘。当农业污水流入湖泊和池塘后,人工浮岛便能起到清洁污水的作用。

人工浮岛是人们在水面上建设的生态岛屿。浮岛的底层是湖中丛生的水草浮萍和各种腐殖质，以树枝藤蔓为骨架，在这上面再盖上一些湖泥，就可建成大小不等的浮岛。水稻、黑麦草、水芹菜等水生或湿生植物，都可以在人工浮岛上栽培、种植。在人工浮岛的水下聚集着各种鱼类，而岛上则可成为某些鸟类的栖息地。当然，岛上还可以住人。这样，植物、鱼虾、鸟类、昆虫等便在浮岛上形成共生，成为具有勃勃生机的水上花园。

治理污水的人工浮岛

人工浮岛之所以能起到净水作用，首先，浮岛植物发达的根系在水中将形成浓密的网，可吸附大量悬浮物，其中的微生物可降解和吞噬水中的污染物；其次，浮岛植物在生长过程中能够有效地吸收和利用水中的氮、磷等污染物。

缅甸的茵莱湖大约有 145 千米^2 广阔的水面，湖中分布着 3000～4000 米^2 大小的人工浮岛。有的浮岛用竹篱固定在水中，有的浮岛可以用船来牵引，任人移动。几个浮岛连成一个村庄。当地的茵莱族人就居住在浮岛上。由于人工浮岛的净水作用，使茵莱湖水始终保持清澈见底。

消除垃圾污染

垃圾包围城市

据统计,中国每年产生垃圾上亿吨,城市人均垃圾年产量达 440 千克,全国六百多座城市堆放着 80 亿吨垃圾。近年来,中国的高速工业化和城镇化进程带来了生活垃圾的迅猛增长,这使得现有的垃圾处理体系显得捉襟见肘。“城内干干净净、城外垃圾成堆”成为许多地方见怪不怪的现实。这些垃圾使土壤破坏,无法耕种。一些地方的稻田土壤因渗入含镉废渣而被污染,以致那里的稻米含镉量超标,无法食用。如何处理这些垃圾,已经是迫在眉睫的任务。

北京的朝阳区高安屯垃圾场,占地千余亩,日倾倒 500 车垃圾,日堆积生活垃圾达 2000 吨,且逐年增高,长年累月的堆积已经使垃圾成山。而这个垃圾场距通州区的人口密集区仅数百米之遥;距民居村落仅隔一条数尺宽的小河沟,高安屯垃圾场又处于通州区上风上水的西北角,因此,周边地区的居民苦不堪言。高安屯只是北京市垃圾场一个小小的缩影,北京周边大大小小有四千余座垃圾山,年产垃圾 421 万吨。

可以回收利用的垃圾

其实如果我们把垃圾详细地进行分类,不难发现,几乎所有的垃圾都是可以回收的,难怪环保专家提及垃圾时会说:垃圾是宝!

垃圾中灰土类可以生产建筑用的砖;食品饭菜可以生产有机肥料;废纸、旧纺织品可以再造纸;废旧塑料、废金属全可以重新熔炉再生利用。而且废旧物品的再利用在我们身边无处不有。

据北京市有关部门提供的资料显示,北京市的生活垃圾中,灰土为 5%,食品类废物为 42%,废塑料为 14%,废纸类为 22%,纺织品为 1.46%,玻璃陶瓷为 1.75%,废金属为 0.8%。据一位业内人士测算,如果把这些垃圾资

垃圾分类

源进行回收，最保守的估价也有 10 亿元/年。

既然垃圾可以回收，又可创造财富，那么，垃圾如何分类自然成为核心问题。

理想的垃圾分类模式应该是这样的：分类投放、分类收集、分类运输、分类利用、分类处理。这样可做到垃圾从源头削减，实现垃圾减量化、资源化、无害化。

在一些发达国家，不同的垃圾会有不同的投放时间，不同的投放地点，垃圾收集也是定时定点的。

而我国现在的程序是：家庭倾倒、个体拣拾、小区集中、粗放分类。有些城市小区的垃圾有分类投放，但却混合收集，有的城市先混合收集，而后粗放分类。这样既浪费了垃圾的资源而且增加了处理垃圾的成本。

据《北京市生活垃圾治理白皮书》公布的数据：我国垃圾资源利用率仅为 10%。而美国加州目前垃圾回收利用率已接近 50%，旧金山市已达 68%。旧金山市市长还公开承诺：到 2020 年，要基本做到“零垃圾”。

垃圾发电

传统的垃圾处理有堆肥、填埋、焚烧。堆肥适合于食品、树叶等有机成分较多的垃圾,但随着人们物质生活的提高,垃圾中的无机成分越来越高,堆肥已不适应。填埋处理一要占用宝贵的土地,二会破坏土壤的结构,还容易产生沼气引起爆炸。因此,随着垃圾的增加,各地在把垃圾填埋的同时开始建设垃圾焚烧厂。

垃圾分类模式无疑是最为环保、最经济的一种处理方式,但垃圾分类实现的快慢取决于百姓意识、政府管理方法、企业运营方式以及回收技术先进性等多种因素的影响,需要一个渐进式的发展过程。因此,我国各地政府把目光瞄向了垃圾焚烧发电。垃圾发电一来可使垃圾减量,二来可节约能源。1985 年深圳建设了第一个垃圾焚烧发电厂,上海、天津、杭州、哈尔滨等大城市都建有垃圾焚烧发电厂。

焚烧垃圾发电,从原理上看似容易,但经过的程序却不简单。首先是“垃圾报到”(即垃圾进厂)。进厂垃圾的质量是控制垃圾发电的关键。垃圾进厂前,一般都要经过较为严格的分选,凡有毒有害垃圾、建筑垃圾和工业垃圾都不能进入。符合规格的垃圾在卸料厅自动称重计量后,卸入巨大的封闭式垃圾贮存池。垃圾贮存池内始终保持负压,巨大的风机将池中的“臭气”抽出,送入焚烧炉内。

第二步是“烈火焚烧”。巨大的抓斗从垃圾贮存池内把垃圾抓出,投入旁边的进料斗中,进料斗下部镂空。垃圾落下后搭上履带,在电动机、鼓风机等推动设备的作用下,进入焚烧炉,这样可以使垃圾和空气充分接触,有效燃烧。

垃圾燃烧后,产生热能,使锅炉内的水转化为蒸汽,通过汽轮机带动发电机发电,最终电能并入电网。

但是垃圾焚烧的同时存在许多弊端。首先是二次污染严重。垃圾焚烧后的二次污染,一是产生严重的致癌物——二噁英,虽然各企业都采取了不同的烟气净化装置,但达标排放并不意味着没有任何有毒气体排放,尤其是当垃圾燃烧不充分或者炉子温度较低时。日本就因二噁英污染迫使政府不得不关闭大批垃圾焚烧厂。二是垃圾焚烧后仍有相当比重的炉渣填埋要占用土地，而填埋的炉渣经过时间推移和雨水的浸泡又会污染土壤。

巨大的抓斗

其次，垃圾焚烧厂的设备国产化率低，投资巨大。而一个垃圾焚烧厂除去设备投资外，还需要土地占用费、运营费等，动辄几亿元甚至十几亿元的投资，不太适合我国目前的国情。

我国著名垃圾对策专家、北京市政管委会研究员王维平认为："即使在发达国家，垃圾处理方式也都是多种形式并存的，政府应该一方面加快垃圾分类收集、回收利用的步伐，削减垃圾源头，另一方面把分类后剩余的垃圾再焚烧。另外垃圾焚烧项目的建设一定要考虑地区的垃圾热值、产量、经济实力等因素合理布局，不能盲目求多求大求洋。国家对垃圾焚烧处理的政策应是经济发达的东部可以多建设，中西部可以建设，西部少建或者不建。"

资源的循环利用

焚烧垃圾发电，从消除垃圾污染的角度来看，当然是有效的，但是从对自然资源的利用来说，却是浪费和不合算的。尤其是当“社会物质财富极大丰富”时，人们把大量的自然资源制成物质产品，用过后就一把火烧了，岂不可惜？

为此，焚烧垃圾发电，只能是物质循环的最后一步，是不得已而为之的被动之举。积极主动的办法，应是把用过的物质产品制成别的产品，或者是使之恢复自然资源的本来面貌，以便循环使用，这就是循环经济。而大自然是实施“循环经济”最好的样板，我们要向大自然学习。

向大自然学习

在人类诞生以前，自然界是没有垃圾的。地球上的生物圈主要由三部分组成：生产者、消费者和分解者。其中，绿色植物是生产者，它们为动物提供食物；那么，动物就是消费者，它们不仅消费绿色植物，而且还“大鱼吃小鱼，小鱼吃虾米”，弱肉强食，形成了金字塔结构的食物链；而微生物则是分解者，它们分解动植物的排泄物和尸体，使之成为植物的养料，重新进入生产→消费→分解的循环之中。

在生物圈的物质循环中，生产者——绿色植物是基础，没有绿色植物就没有生物圈，而分解者——微生物是关键。如果没有分解者，那么亿万年积累下来，地球上便早就成了枯死的植物以及动物的粪便和尸体的大垃圾场。

当人类诞生后，人们把自然资源加工成各种物质产品，这就是生产环节。作为生产者，相当于生物圈中植物的作用；然后，人们消费这些产品。作为消费者，也就是相当于自然界中动物的作用。但是，在人类社会的物质循环中，缺少了分解环节，因此才出现了“垃圾包围城市”的垃圾污染。

当新兴产业大发展，使社会生产力大幅度提高之际，就有可能达到社会物质财富极大丰富的情况，如果还不能形成健全的“分解”环节，使垃圾分解后再利用，那么不用过多久，不仅垃圾包围城市，而且整个地球都会变成一个大垃圾场。

在人类的社会生活中，怎样才能形成健全的“分解”环节呢？那就是资源循环利用的循环经济。其中包括生活废弃物的循环利用和工农业废弃物的再利用。生活废弃物主要有报废的汽车、电子废弃物、废油、餐厨垃圾等。

废旧汽车的循环利用

21 世纪的第一个 10 年是中国汽车业突飞猛进的 10 年，产销量均超过美国和日本的总和，创世界汽车史纪录。在这喜人的成果背后，中国每年因达到使用年限和事故报废的车辆数量也是惊人的。据统计，我国 2011 年报废车辆数量就达到了 400 万辆，带来了严重的环境和资源问题。因此就存在汽车再生资源利用的问题。

汽车再生资源利用包括废旧汽车的回收、拆解、再利用和再循环等环节。

一辆质量为 1000 千克的汽车中，含金属 700～750 千克，非金属物质

废旧汽车

150～200 千克。目前，美国大约有 1.15 万家汽车零部件回收商，汽车回收业每年向美国钢铁冶金行业提供的废钢铁占冶金业回收量的 1/3 还多；从事汽车零部件再制造生产的大小企业约有 5 万家，产值达 360 亿美元。

在我国，由于汽车工业起步较晚，与之相对应的汽车再生业也处于比较初级的阶段，与发达国家存在较大的差距。据统计，我国大约 80%的报废车辆未能进入回收利用程序，成为交通安全和环境保护的隐患。同时，汽车回收利用技术也相当落后，汽车再生资源利用率低。

电子废弃物的循环利用

电子废弃物俗称“电子垃圾”，是指已被废弃不再使用的电器或电子设备，主要包括电冰箱、空调、洗衣机、电视机等家用电器和计算机等通讯电子产品等的淘汰品。随着电子工业的迅猛发展，电子产品的更新速度日新月异，电子废弃物也随之剧增。每年报废的电子废弃物已堆积成山。每年仅“四机一脑”（电视机、电冰箱、空调、洗衣机和电脑）的报废量就超过了 6000 万台。更为严重的是电子垃圾中含有大量的有毒重金属物质，如果得不到妥

废旧的电子垃圾

善的处理、处置，将会对环境产生极大的危害。

电子废弃物与普通的固体废弃物相比，有其显著的特征。

首先，它是一类具有高增长性的废弃物，电子产品的更新换代逐年加速，仅废旧电视、电脑、冰箱这样的大家电，我国每年都要报废2000万台以上。

其次，其中含有的一些金属或重金属物质又使其拥有高危害性和高价值性的双重特征。电子废弃物的成分非常复杂，不少家电中都含有有毒化学物质。比如一台电脑总共可拆分成七百多个元件，其中有一半以上会含有汞、砷、铬等多种有毒物质。至于其高价值性，是由于废弃电脑部件中含有黄金、塑料、铜、铁、铅、锡、镍、锑，其次还含有少量钯、铂等贵金属。

最后，它们还具有很大的难处理性。其中的瓶颈并不是处理技术，而在于成本问题。目前世界上对一些贵金属的冶炼技术已非常成熟，但依旧存在着能耗高或者易产生二次污染等问题，导致回收成本过高而无法市场化。

目前，我国很少有成型的电子废弃物回收处理系统，大部分是由收废品的小贩以低廉的价格收购，再流通到其他市场上。有相关研究表明，我国废旧手机正规回收率仅为1%，废旧家电也仅有19.8%以正规途径回收利用。而小贩手中的这些电子废弃物主要涌向了两条渠道，一些成色尚可的产品在经过改装、修饰之后被出售到农村等地。不能再使用的部分，除了玻璃、大件塑料等被集中回收再利用外，其他部件都流通到了一些拆解作坊。

我国曾先后发布了《关于加强废弃电子电器设备环境管理的公告》和《废弃电器电子产品回收处理管理条例》等法规，不断地在规章制度上完善电子废弃物的回收处理和再利用的法律依据，并且通过对进口电器电子产品的收货人或代理人征收基金，用于补贴废弃电器电子产品回收处理费用的方式，应对电子废弃物处理中的资金短缺的瓶颈。

废油的回收利用

废油是指已经使用过的润滑油、液压机液体、传热液体、浮力液体和其他类似的油在一定时间使用之后，其性质发生改变，已经不再适合原来用途，就变成了废油。

废油含有多种有毒物质，如果把废润滑油倒入土壤，可导致植物死亡，被污染的土壤内微生物灭绝；废油流入水体，造成水质污染，直接导致水生植物的死亡。废油所含的氯、硫、磷等有机化合物具有很强的毒性，对人类和生物的危害严重。

我国作为人口大国，面临着严峻的资源短缺问题。据统计，仅 2010 年一年，我国润滑油的消费量就达到了 680 万吨，预计到 2015 年我国润滑油产量可达 780 万吨，届时将超过美国，成为世界头号润滑油消费大国——同时也是世界头号产废油大国。对废油实行循环加工再利用，不仅能保护环境，而且有着回收有用资源、实现循环经济的重大意义。

不同种类的废油有着不同的性质，因此也有着不同的再利用途径，大体可分为用做燃料油和用做再生润滑油两类。将废油回收做再生润滑油，是指将废油回收之后通过过滤、蒸馏等手段去除废油中的轻质油品和水、金属等杂质，使之再生成为合格的成品润滑油。废油做燃料油是指通过催化裂解、分馏等手段将废油转化成柴油、汽油等燃料油品。

餐厨垃圾的循环利用

在几分钟前的餐桌上，它们还是美味佳肴，而在几分钟后的垃圾桶里，它们已经变成了垃圾——餐厨垃圾或者厨余垃圾，也就是通常所说的泔脚。餐厨垃圾极易腐烂变质，散发出种种恶臭，同时还能传播细菌和病毒。由于餐厨垃圾含水率比较高，所以堆肥是餐厨垃圾处理的主要方式。

餐厨垃圾是美味佳肴的副产品，其中包含了丰富的营养物质，其主要成分是油脂和蛋白质，同时富含氮、磷、钾、钙及其他微量元素，营养成分齐全，具有很高的再利用价值，可以代替玉米、鱼粉、豆粕等加工成高蛋白质的优质饲料，也是制取生物柴油的优质原料。

目前，国内外的餐厨垃圾处理技术主要有物理处理、堆肥、厌氧发酵三类。通过这些处理方法可以有效地将餐厨垃圾变废为宝。

物理处理

物理处理可分为破碎直排和脱水干燥制干饲料两种。破碎直排是欧美国家处理少量餐厨垃圾的主要方法，它是将餐厨垃圾粉碎后由水冲刷排入下水管道，由城市污水处理厂来进行处理。这种方法简单方便，成本较低，在处理少量餐厨垃圾(如家庭餐厨垃圾)时具有一定的优势,其缺点是增加城市污水处理厂的负担。

脱水干燥法是将收集的餐厨垃圾经分类、破碎、计量配方、脱水后送入搅拌槽进行蒸煮灭菌、发酵或干燥处理后制成半成品送至半成品贮桶,再依所需,进行造粒或制成粉剂,成为鱼、禽、畜饲料或有机肥料。此法资源化利用率较高,但是成本也高,且需要一定的技术支持。

堆肥

堆肥是利用含有肥料成分的动植物遗体和排泄物,加上泥土和矿物质混合堆积,在高温、多湿的条件下,经过发酵腐熟、微生物分解而制成的一种有机肥料。虽然餐厨垃圾也可用于堆肥,但餐厨垃圾由于高油高盐的特性,为堆肥过程带来困难。

厌氧发酵

餐厨垃圾的厌氧发酵主要是利用厌氧微生物的作用将有机物通过其自身的代谢活动转化为沼气(二氧化碳、水和甲烷)的过程,同时还会产生少量的氨气和硫化氢。甲烷是一种很好的可燃性气体,是沼气的主要成分,沼气可以用来供暖或者发电,是很好的燃料,在中国农村被广泛应用。

工业固体废弃物的利用

工业固体废弃物的种类繁多,成分繁杂,数量巨大,一般工业固体废弃物包括粉煤灰、冶炼废渣、炉渣、尾矿、煤矸石及工业粉尘等。传统的处理方法通常是将工业固体废弃物当做垃圾以堆存和填埋,这样不仅占用大量的土地,而且在自然界的风化和雨淋的作用下,还会造成有害成分四处扩散,对土壤、水体和大气造成污染。

其实,工业固体废弃物具有“污染”和“资源”的双重性质。也就是说,如果管理、处置不当,工业固体废弃物就成为污染源,对生态环境造成危害;而如果管理、处置得当,工业固体废弃物就会成为宝物,成为有用的资源,会产生经济效益。随着技术与管理水平的发展以及传统资源日益枯竭,工业固体废弃物的回收利用越来越引起人们的重视。

不同的工业固体废弃物具有不同的利用价值。与发达国家及地区相比,我国的工业固体废弃物的再利用率较低，其管理、处置和利用水平相对落后。目前，我国的工业固体废弃物处置和再利用大都还停留在筑路、填埋、农用和生产建材等低层次阶段，远不能满足环境保护和经济发展的需要。

从工业固体废弃物，特别是从采掘与冶金尾矿中提取有价值的金属是工业固体废弃物回收、再利用的重要途径之一。目前我国黄金产量的10%，白银产量的90%，硫产量的47%，钢产量的33%，都是从工业固体废弃物中提取获得的。但是，目前我国矿产资源回采率仅30%，低于发达国家的40%～50%。粗放型的经济增长模式导致我国大量的可利用矿产资源被白白浪费，加剧了资源耗竭和环境污染。

粉煤灰

粉煤灰是燃煤热电厂的煤粉经高温燃烧后产生的工业废料。我国粉煤灰年产量已经达到了4亿吨，相当于我国城市生活垃圾总量的2倍。粉煤灰用途广泛，具有可观的经济价值。粉煤灰主要可用来生产粉煤灰建筑材料，还可用作农业肥料和土壤改良剂，亦可用作工业原料和环境净化材料。

粉煤灰在建筑材料行业用途广泛。在混凝土中掺加粉煤灰可节约大量的水泥和细骨料。此外，粉煤灰还可用来生产粉煤灰水泥、粉煤灰砖、粉煤灰硅酸盐砌块、粉煤灰加气混凝土及其他建筑材料。这些材料大都具有多孔轻质、耐热保温、成本低的特点。

在农业领域，粉煤灰是适合用于生产化肥的原料。此外，粉煤灰还具有良好的物理化学性质，能广泛应用于改造重黏土、生土、酸性土和盐碱土，使之更适合耕种。

农业废弃物的利用

我国是农林业生产大国。随着生产技术的提高，农林废弃物的日益膨胀也造成了处理的困难。这些废弃物主要是来自农林作物收获和加工过程中产生的秸秆、禽畜粪便、糠皮、灌木枝、木屑等。我国每年产生的各类农作物秸秆约6.5亿吨，禽畜类粪便约20亿吨，林业废弃物约3700万米^3；农林业废弃物的总产量为工业废弃物的3.2倍。目前，这些废弃物的利用率相当低，农作物秸秆被利用的不超过40%，大多数秸秆都被随意堆放或就地焚烧。

秸秆

农林业废弃物中含有大量的有机物。有研究表明，很多农作物副产品的化学能不亚于其主产品，因此农林废弃物的资源化利用蕴藏着广阔的发展前景。

秸秆的利用

秸秆的利用主要是通过秸秆还田技术、饲料化利用、物理化学生物处理、秸秆能源技术以及秸秆工业应用等方法，使秸秆得到充分的利用。

秸秆炭化还田技术的本质是以秸秆等农林废弃物为原料，利用简易炭化技术制备生物炭，再以生物炭为基质生产炭基肥或炭基土壤改良剂返还给农田，使农田生产力得以提高的系列技术。秸秆还田可以草养田、以草压草，达到用地养地相结合，培肥地力。

秸秆能源技术又分为秸秆直接燃烧供热技术、气化集中供气技术、秸秆压块成型及炭化技术、秸秆发酵制沼气技术等。秸秆发酵制沼气，是采用立式的圆筒水压式沼气池，经过秸秆的收集、运输、净化、贮存后，在沼气池中发酵，产生的沼气可以为照明、供暖、供热等日常家庭用途服务。

秸秆不仅具有日常供热供能的作用，而且还有很多工业应用的潜能。比如秸秆可以通过粉碎，并加入一定量的水和黏合剂，通过拌和→轧片→裁剪→冷压成型→烘干→喷涂等工序，可制成快餐盒、缓冲包装材料、瓦楞纸芯、纤维降解膜等工业产品；秸秆可用于生产轻型的建材，是人造板的原料；秸秆可以用作食用菌的培养基；秸秆还是酒精、淀粉、饴糖、生物蛋白等的生产原料。

禽畜粪便的资源化利用

禽畜粪便富含营养，是拥有很大潜力的资源。目前主要的禽畜粪便的资源化利用手段主要有饲料化技术和能源化技术等。

禽畜粪便营养丰富，其中含有大量的蛋白质、粗纤维，维生素 B_1 等，经过处理后可以作为禽畜的饲料。新鲜的鸡粪可直接做饲料，这是由于鸡对饲料的吸收极不完全，所食饲料中 70％左右的营养物质未被消化吸收而直接排出体外。其他的禽畜粪便需要用干燥法和分解法等，经过处理后才能用作饲料。

禽畜粪便的能源化利用，主要是通过粪便的燃烧和发酵制沼气来实现。禽畜粪便中的大量有机质具有较高的热值，可以作为焚烧的原料转化成热能。牛粪具有很高的热能，在西藏等地，放牧者经常采拾牛粪，将其晒干后储藏，作为燃料使用。

禽畜粪便的资源化利用，可以通过以养殖场产生的禽畜粪便为源头，经过粪便的沉淀、酸化调节后，通过沼气池进行厌氧反应，随后用于发电、烧锅炉以及日常使用。而沼气池中产生的沼渣则可以通过污泥浓缩、脱水之后进行堆肥发酵制成有机肥。

农林废弃物的能源化利用是未来农林废弃物处理行业发展的主要方向，物尽其用，变废为宝，高效地利用农林废弃物，有效地利用好生产者、消费者和分解者之间的关系，同时运用先进的技术和管理方法充分发挥农林废弃物的价值，使农林废弃物在循环经济中发挥重要作用，为农林业的可持续发展和能源安全作出更为重要的贡献。

（沈叔云　潘建鹏　周戟）

战略性新兴产业圆中国梦

ZHANLUEXING XINXING CHANYE YUAN ZHONGGUOMENG

保护生态平衡

自然生态系统

在人类诞生之前，地球上的生物圈是由生产者（绿色植物）—消费者（动物）—分解者（微生物），三者之间进行物质和能量的循环往复，始终保持着生态平衡。

但人类文明破坏了自然界的生态平衡。而保护生态平衡，也就是保护人类的生存环境。

保持生态平衡需要从保护物种多样性、发展生态农业、促进农业园林化和发展农业公园等多方面着手。

地球上的生物圈是在太阳能作用下，生物和环境长期相互作用的结果。不仅环境影响和作用于生物，促进生物的进化，而且生物也影响和作用于环境，改造环境，促进环境的演化。今天绚丽多彩的生物世界就是几十亿年来，各种生物与复杂多变的地球环境相互作用、相互适应的产物，来之不易。人类显然应当把维护好生物圈当作义不容辞的责任。

任何一个生态系统都是由非生物成分和生物成分两部分组成的。

非生物成分：主要包括太阳辐射能、空气、水和土壤等。

生物成分：一般可分为三大基本类群，即"生产者""消费者"和"分解者"。

"生产者"是指绿色植物。绿色植物是生态系统中最积极的因素，居于最重要的地位。这是因为它们具有叶绿素，能利用太阳能把吸收来的水、二氧化碳和无机盐类，通过光合作用，制造成碳水化合物，并可进一步转化成脂肪和蛋白质，成为包括人类在内的一切生物的最根本的营养物质来源。绿色植物是"生产者"，没有绿色植物就没有生态系统。

"消费者"主要指各类动物。其中，草食性动物直接吃植物的叶、枝、果实和种子，被称为一级消费者。二级消费者是肉食性动物，如青蛙、啄木鸟、狐狸等，它们以草食性动物为食，肉食性动物之间，是"弱肉强食"的。在二级消费者之上，又可划分出以二级消费者为食的三级消费者，以及更为凶猛的四级消费者如虎、鹰、鲨鱼等。

“分解者”是一个数量惊人的庞大类群，包括许多微生物以及土壤中的小型无脊椎动物等。它们在消化吸收动植物排泄的废物和尸体时，能同时把养分从有机物中释放出来，返回到环境中去，供“生产者”再利用。

生物成分的三大类群之间是相互作用、相互依存的。归根到底，全部生物成分又同无机环境相互作用、相互依存。同时，对于分解者的作用不可低估，因为正是依靠它们，环境中被生产者、消费者直接或间接索取的物质，才得以归还给环境，供生物再度利用。由于分解者的存在，自然生态系统中就没有“垃圾”存在。一切进入生态系统的物质，都处于生物从生长到腐烂（回归）的循环往复之中。

生态系统具有有限的自我调节能力，干扰超过了一定的限度，调节就会不起作用，以致生态系统无法通过自我调节来恢复其相对平衡状态，这就是人们常说的生态平衡失调。

人类诞生后的生态系统

关于人类起源的时间，可以追溯到距今约300万年之前。这个时间显然比地球上生态系统形成的时间晚得多。人类的历史虽然短暂，但自从人类出现以后，地球环境的变化之快、之大，却是空前的。

人类诞生后的生态系统与人类诞生前的自然生态系统的区别是十分明显的。主要是在构成生态系统的自然环境中，出现了日益扩大的人造环境。今天的人造环境，已经成为由无数具有不同功能的人造物构成的庞大系统，其中包括现代化机器装备，各种人造生活用品，以及精心设计的建筑物，四通八达的公路、铁路网络等。总之，人造环境也就是人类社会的物质文明。现代城市可说是人造环境的最完备的典型，就是远离城市的广大农村、山野林海，以至于南北极地也都有“人造”烙印。

上海浦东陆家嘴

人造环境对自然环境的破坏主要有以下三方面。

对环境的污染和破坏

人类的生活和生产活动产生大量的废气、废水、废渣和垃圾等，化肥、杀虫剂、除草剂的应用，工业“三废”和城市“三废”不断排放到环境中，向生物圈中超量输入人类活动所产生的产品和废物，严重污染和毒害了生物圈的物理环境和生物组分。

人类对环境的污染和破坏，除了大量排放的“三废”外，就是人类取用生物圈中的各种资源数量过大，包括生物的和非生物的，以及对自然资源不合理利用或掠夺性利用。例如盲目开荒、滥砍森林、水资源过度利用、草原超载放牧等，严重破坏了生态平衡。这些都会使环境质量恶化，产生近期或远期效应，使生态平衡失调。

使生物种类改变

生态系统一旦失去平衡，会发生非常严重的连锁性后果。在一个生态系统中，减少一个物种，也有可能使生态平衡遭到破坏。例如，20 世纪 50 年代，我国曾发起把麻雀作为“四害”来消灭的运动，可是在大量捕杀了麻雀之后的几年里，却出现了严重的虫灾，使农业生产受到巨大的损失。后来科学家们发现，麻雀是吃害虫的好手。消灭了麻雀，害虫没有了天敌，就大肆繁殖起来，导致了虫灾发生、农田绝收等一系列惨痛的后果。

生态系统的平衡是大自然经过了很长时间才建立起来的动态平衡。一旦受到破坏，有些平衡就无法重建了，带来的恶果可能是人的努力无法弥补的。

对生物信息系统的破坏

生物与生物之间彼此靠信息联系才能保持其集群性和正常的繁衍。人为地向环境中施放某种物质，干扰或破坏了生物间的信息联系，有可能使生态平衡失调或遭到破坏。例如自然界中有许多昆虫靠分泌释放性外激素引诱同种雄性成虫交尾，如果人们向大气中排放的污染物能与之发生化学反应，则雌虫的性外激素就失去了引诱雄虫的生理活性，结果势必影响昆虫交尾和繁殖，最后导致昆虫种群数量下降甚至消失。

如果人类在进一步发展经济的过程中，在生产出愈来愈多的物质财富的同时，继续听任自然资源衰竭、环境污染、生态失衡和人口增长等问题恶化而得不到控制，那么势必导致局部，甚至整个生物圈结构和功能的破坏，从而威胁到人类的生存。也就是说，势必会出现生态危机。这是维持人类生命活动和社会经济活动所必需的能量和物质来源的危机。生态危机造成人类生存危机，这不是危言耸听！

亡羊补牢，尤为未晚。20 世纪 50 年代以来，人类是被科学技术的巨大成就冲昏了头脑，因而陷入了迷误，恶化了自己的生存环境。环境恶化所带来的生存危机，如今正在产生发聋振聩的作用，使人类逐渐清醒起来。生态问题受到越来越多的人的重视，环境保护问题已被列入许多国家政府的议事日程。

保护物种多样性

保护生物多样性

“生物多样性”是生物(动物、植物、微生物)与环境形成的生态复合体以及与此相关的各种生态过程的总和。生物多样性是人类赖以生存的条件,是经济社会可持续发展的基础,是生态安全和粮食安全的保障。

保护生物多样性的方法主要是就地保护,大多是建立自然保护区,比如我国的卧龙大熊猫自然保护区等。就地保护是利用和保护原生态的环境使被保护的生物能够更好地生存,使它们无须再花时间去适应环境,并能够保证动物和植物原有的特性。这样,就可以免去大量人力、物力和财力的支出,对人和自然都有好处。

保护生物多样性,也可以迁地保护,大多是把该保护的生物转移到动物园或植物园,比如,将水杉种子带到南京的中山陵植物园种植等。另外,开展生物多样性保护的科学研究,制定生物多样性保护的法律和政策,以及开展生物多样性保护方面的宣传和教育也很重要。

卧龙大熊猫自然保护区

生物多样性行动方案

生物多样性行动方案是一个广受国际认可的计划,旨在保护和恢复生物系统及其多样性。最初推动这些计划的努力,来自 1992 年制定的《生物多样性公约》。

生物多样性行动计划内的物种计划，包含对主要物种的分布范围、栖地、行为、生殖、异种互动的调查和详细描述。然后就可制订计划，保育和复育此物种至达到该族群的目标数量。

生物多样性行动计划的主要措施有：栖地还原、防止都市发展影响栖地、限制畜牧及农业活动的侵略、立法制止采集或猎杀、限制杀虫剂使用、控制其他环境污染等。

实施生物多样性行动方案的步骤，首先是着重记录个别物种的族群分布和保育情况。此项工作困难重重，主要是因为世界上的物种只有约 10%被记载下来，大部分未知的物种为植物或低等生物。许多哺乳类、鸟类和爬虫类的资料常可见于文献，至于植物和无脊椎动物就需要有可观的地区资料。但对世界上某些地区来说，编订完整的物种目录不切实际，比如马达加斯加干燥落叶林内的许多物种完全不为人知，科学家对该林内许多地区也从未发起有系统的探险活动。

因此，要实施生物多样性行动方案，其基础工作就是要摸清地球上到底有多少物种。这可是一项庞大的工程，想要完成这项工作，任重而道远。因为据最新的研究，地球上大约有 870 万个物种与我们共享地球资源。

生态农业

人类对生态环境的影响主要通过农业生产、工业生产和生活消费三个渠道。纵观人类的农业发展史，大体上经历了三个发展阶段：一是原始农业，约7000年；二是传统农业，约3000年；三是现代农业，至今约200年。在工业时代，农业实现了机械化、电气化、化学化、水利化，由于这些工业措施都是以石油作为能源的，因此有人把它们称作石油农业。

石油农业改变了传统农业的面貌，它大幅度提高了土地生产率和劳动生产率。但是石油农业消耗了大量的石油。据美国专家统计，用来生产食物的石油，其能量竟等于生产出食物所含能量的5倍！而且随着化肥、农药的用量越来越大，各种化学制品对环境造成了严重的污染，农田土壤的侵蚀日益加重等。在这种情况下，各国有识之士都纷纷提出改进意见，以求摆脱困境。生态农业被认为是农业的出路。

生态农业是按照生态学原理和生态经济规律，因地制宜地设计、组织、管理的现代农业。生态农业是一种知识密集型的现代农业体系，是农业发展的新型模式，是世界农业发展史上的一次重大变革。

生态农业的特点

综合性

生态农业强调发挥农业生态系统的整体功能，以大农业为出发点，按"整体、协调、循环、再生"的原则，全面规划、调整和优化农业结构，使农、林、牧、副、渔各业和农村第一、二、三产业综合发展，并使各业之间互相支持，相得益彰，以提高综合生产能力。

多样性

生态农业是以现代科学技术为基础，以多种生态模式、生态工程和丰富多彩的技术类型来装备农业生产，使各区域都能扬长避短，充分发挥地区优

生态薄膜蔬菜种植

势，各产业都根据社会需求与当地实际条件协调发展。因此，生态农业的模式类型是多种多样的。

高效性

生态农业通过物质循环和能量多层次综合利用和系列化深加工，实现经济增值，实行废弃物资源化利用，降低农业成本，提高生产效益，为农村大量剩余劳动力创造农业内部就业机会，保护农民从事农业劳动的积极性。

持续性

发展生态农业能够保护和改善生态环境，防治污染，维护生态平衡。同时可提高农产品的安全性，使农业和农村经济得以持续发展。并可把环境建设同经济发展紧密结合起来，在最大限度地满足人们对农产品日益增长的需求的同时，提高生态系统的稳定性和持续性，增强农业发展的后劲。

生态农业的模式类型

时空结构型

这是一种根据生物种群之间的互利共生关系而合理组建的农业生态系统，使处于不同生态位置的生物种群在系统中各得其所，相得益彰。时空结构

立体栽培

型可更加充分地利用太阳能、水分和矿物质营养元素，是在时间上多序列、空间上多层次的三维结构，其经济效益和生态效益均佳。具体有果—林—地立体间套模式、农田立体间套模式、水域立体养殖模式、农户庭院立体种养模式等。

食物链型

这是一种按照农业生态系统的能量流动和物质循环规律而设计的一种良性循环的农业生态系统。系统中一个生产环节的产出是另一个生产环节的投入，使得系统中的废弃物多次循环利用，从而提高能量的转换率和资源利用率，以获得较大的经济效益，并有效地防止农业废弃物对农业生态环境的污染。具体有种植业内部物质循环利用模式、养殖业内部物质循环利用模式、种养加工三结合的物质循环利用模式等。

时空食物链综合型

这是时空结构型和食物链型的有机结合，使系统中的物质得以高效生产和多次利用，是一种适度投入、高产出、少废物、无污染、高效益的模式类型。

20 世纪 60 年代以来，在国外相继建立了一些典型的生态农场，取得了良好的综合效益。较突出的典型有菲律宾马尼拉附近的马亚农场，就是时空食物链综合型生态农场。这是一个既有农业、林业，又有猪、牛、鸭、鱼等养殖

葫芦种植

业和各种食品加工业的农工综合农场，生产中各种废弃的有机物经过专门的发酵设施产生沼气，沼气池中的残渣经过处理后分别做饲料和肥料，产生了很好的经济效益和生态效益。

其实生态农业并没有固定的模式，因地制宜可使生态农业越办越好。

中国的生态农业

中国的生态农业是包括农、林、牧、副、渔和某些乡镇企业在内的多成分、多层次、多部门相结合的复合农业系统。20 世纪 80 年代，中国农村创造了许多具有明显增产增收效益的生态农业模式，如稻田养鱼、养萍，林粮、林果、林药间作的主体农业模式，农、林、牧结合，粮、桑、渔结合，种、养、加工结合等复合生态系统模式，鸡粪喂猪、猪粪喂鱼等有机废物多级综合利用的模式等。中国的生态农业还与旅游业结合，取得了良好的社会效益和经济利益。

中国生态农业的生产以资源的充分利用和生态环境保护为重要前提，通过食物链网络化、农业废弃物资源化，充分发挥资源潜力和物种多样性优势，建立良性物质循环体系，促进农业持续稳定地发展，实现经济、社会、生态效益的统一。

国外生态农业的发展

生态农业最早于1924年在欧洲兴起，至20世纪90年代，世界各国均有了较大发展。建设生态农业，走可持续发展的道路已成为世界各国农业发展的共同选择。

20世纪90年代后，特别是进入21世纪以来，实施可持续发展战略得到了全球的共同响应，可持续农业的地位也得以确立。生态农业作为可持续农业发展的一种实践模式和一支重要力量，进入了一个蓬勃发展的新时期，在规模、速度和水平上都有了质的飞跃。如奥地利于1995年即实施了支持有机农业发展的特别项目，国家提供专门资金鼓励和帮助农场主向有机农业转变。法国于1997年制定并实施了“有机农业发展中期计划”。发展中国家也已开始绿色食品生产的研究和探索。这一时期，全球生态农业发生了质的变化，即由单一、分散、自发的民间活动转向政府自觉倡导的全球性农业生产运动。各国大都制定了专门的政策以鼓励生态农业的发展。

在农村因地制宜办起来的相对独立的高生态农业单位，主要依靠农民自己的力量，只要政府给予大力扶植，农业科技部门给予一定的指导，不必花费巨额投资，即可建成并产生很好的效益，因而具有极大的可操作性和示范性。这是通向农业生态化的必由之路。

农业园林化

森林的消失

在因人类社会经济活动而对环境造成的灾难性后果中，极为突出的莫过于大片森林的消失。人类砍伐树木由来已久。在相当长的历史时期内，许多国家的经济开发都是以砍伐森林、拓宽人的活动领域来开路的。在经济发展的过程中，林木又一直是一种重要的建筑材料和工业原料，有些地区至今还把它当作燃料。因此，森林面积的缩减几乎始终与人类文明的发展同步。地球上原来大约 2/3 的陆地覆盖着森林。由于乱砍滥伐，在 1950～1980 年的 30 年间，世界森林面积减少了一半。

大片森林的消失意味着人类生存环境的恶化。森林与人类的生活密切相关。树木的光合作用可通过吸收二氧化碳而减弱温室效应，从而防止地球升温以调节气候。森林能净化空气，为此，有人把森林比作地球的“肺”。树木可以造土、固土，防止水土流失和保持空气湿润。森林还是许多动植物和

南美洲的亚马孙热带雨林

微生物的栖息地，容纳着众多的物种。

森林在地球上对生态环境起了如此举足轻重的作用，但现在如果把耕地都复原成森林以优化生态系统，那么已经十分紧缺的可耕地将大量减缩，粮食供应又如何解决？两全其美的办法是设法使农业所提供的淀粉、油料、糖类等食物生长在树上，大力发展木本作物，使农业园林化。这样，使森林一方面成为地球生态环境的保卫者，同时也是提供人类食品的主要基地。

木本作物大有作为

在植物王国里，有一些树种是可为人类提供淀粉、油料、食糖的木本作物，如面包树、米树、油棕树、油茶树和糖槭树等。

面包树

面包是用面粉做的，可是在南太平洋一些岛屿上的居民，他们吃的“面包”却是从树上摘下来的。这种树叫“面包树”。

面包树是四季常青的大乔木，最高可达 40～60 米。树干粗壮，枝叶茂盛，叶大而美。在它的枝条上、树干上，直到根部都能结果。果实大小不一，最重的可达 20 千克。面包树的结果期还特别长，从头年 11 月一直延续到第二年 7 月，一年可以收获 3 次。每株树可结果六七十年。

面包果的营养很丰富，含有大量的淀粉，还有丰富的 A、B 族维生素及少量的蛋白质和脂肪。人们从树上摘下成熟的面包果，放在火上烘烤到黄色

面包树

时，就可食用。这种烤制的面包果，松软可口，风味和面包差不多。面包果还可用来提取淀粉和酿酒。面包树主要分布在印度、斯里兰卡、巴西、非洲。面包果是当地居民不可缺少的木本粮食。

世界油王——油棕树

油棕的形态很像椰子，因此又名“油椰子”，它的故乡在非洲西部。它一直默默无闻地生长在热带雨林中。直到 20 世纪初，才被人们发现和重视，如今已是世界“绿色油库”中的一颗明星。

油棕是世界上单位面积产油量最高的木本油料作物。一般亩产棕油 200 千克左右，比花生产油量高 5～6 倍，是大豆产油量的近 10 倍，有“世界油王”之称。我国海南、广西、广东、台湾、福建、云南等省都有引种，已建成不少油棕园。

流糖浆的糖槭树

糖槭树是多年生的落叶乔木，原产北美洲，以加拿大为多。每到秋风送爽时，成片的槭树上挂满红艳艳的叶子，十分美丽。加拿大的国旗、国徽图案上的红色叶子就是糖槭树的树叶。

糖槭树是世界三大糖料木本植物之一，含糖量很丰富。每逢春天，加拿大人开始采割糖槭树汁。他们在树干上打孔，插上管子，让树汁顺着管子流入采集桶内。每株树可连续产糖 50 年，有的可达百年以上。

槭树

地球上木本作物的种类是很多的，如油料类树种，中国就有木本油料类树种约 400 种。作为食用油料栽培的树种有十多种（含部分干果类油料树种），主要有：油茶、核桃等。而粮食木本作物有板栗、大枣、柿等。但欲用木本作物代替草本作物，实现农业园林化，一方面要提高木本作物的产量并优化品种，更重要的是必须提高各种木本粮、油、糖作物的环境适应能力，也就是提高它们的耐热、耐寒、耐干旱、耐盐碱等的生命力，才能使它们在世界各地推广种植。

农业公园方兴未艾

实现农业园林化以后，还可进一步向农业公园化方向发展。现在，荷兰、日本等国正在积极兴建各种农业公园，我国也正结合旅游业的发展兴办各种农业公园。

日本的农业公园

目前，日本各地正在悄悄兴起一种新的公园——农业公园，其中最为新奇的是距东京 200 千米以外的江永崎农业公园——南瓜森林。南瓜森林的第一大特点是“野”。它远离大小城镇，四面全是山林野地，空气中透着草木的气息。第二大特点是“洋”。南瓜森林非日本固有，而是一位名叫久门渡的农家弟子在对南欧考察多年后，依照南欧田园风光而创立的。这座 20 万米^{2}的园子，处处都弥漫着浓郁的南欧风情。农业公园内，黄灿灿的油菜园、古老的风车、优美的欧洲民乐合奏出南欧风情曲，使人产生了一种超越时空的感觉。第三大特点是“学”。当人们尽情呼吸了清新的空气，游览过“野”“洋”结合的农业公园后，还可以到园内的西式食品教室，在老师的指点之下学个一招半式。

中国兴办农业公园

在国际化与信息化加速发展的浪潮中，传统的乡村特色和悠久的民俗风情与民俗民风不断受到现代文化的冲击，农业公园的发展恰恰是将园林艺术与乡村艺术完美结合起来，使得民族风情与民俗民风得以保存和发展，并创造出具有典型地域特色的景观类型，它兼顾游憩和生态的功能。

为建设美丽、低碳、环保的社会主义新农村，根据农业现代化和农业服务业、旅游业深化发展的有关要求，“中国村社发展促进会”拟计划用 5～8 年打造出 100 个“中国农业公园”。

上海郊区的农业公园

“中国农业公园”是利用农村广阔的田野，以绿色村庄为基础，融入低碳环保循环可持续的发展理念，将农作物种植与农耕文化相结合的一种生态休闲和乡土文化旅游模式。农业部已于2008年制定了农业公园的相关标准，中国村社发展促进会、亚太环境保护协会等5家单位根据该标准联合制定了《中国农业公园创建指标体系》。

据悉，《中国农业公园创建指标体系》包括乡村风景美丽、农耕文化浓郁、民俗风情独特、历史遗产传承、产业结构发展、生态环境优化、村域经济主体、村民生活展现、服务设施配置、品牌形象塑造、规划设计协调等十一大评价指数，共计100分。经申报评审等程序，计分达到有关条件的，可批准为“中国农业公园”。

农业公园最大的好处就是经济上“旱涝保收”。它是以农业为主题的公园，而且建在远离城镇的农村，因此公园内可根据当地的气候条件制定种植计划。农业公园与旅游业密切结合，在适宜观光客游览的季节，自然会有一笔不小的门票收入，而公园内自然生长、精心点缀的经济作物也能产生一定的收益。

当农业公园遍布全国之时，我国就真正建成为大花园了。

战略性新兴产业圆中国梦
ZHANLUEXING XINXING CHANYE YUAN ZHONGGUOMENG

兴建新型城市

新兴产业与兴建新型城市

圆中国梦，首先要民富国强，而所谓“民富”，当然要使亿万民众的衣、食、住、行、用等物质生活富足、满意。在地少人多的中国，要满足人们的物质生活，矛盾最为突出的要数改善人们的住房条件。目前房价很高，怎样才能使14亿中国人都能有自己满意的住宅呢？

发展方向就是兴建新型城市，其中立体城市、地下城市、海上城市等能增加人们居住和活动的空间，而智慧城市的建设，则将大大提高市民的生活质量。

在20世纪90年代已经开始建设的智慧城市、立体城市、地下城市、海上

城市和海底城市等，在建设美丽中国和共建地球村的过程中将遍地开花。

要降低兴建新型城市的造价，需从开发新一代信息技术、新型建筑材料和大力研发建筑机器人着手。

新一代信息技术

未来的新型城市，不管是立体城市、地下城市、海上城市，还是海底城市，首先都是智慧城市。而建设智慧城市，靠的是新一代信息技术，尤其是物联网和云计算技术和产业。物联网的发展犹如给城市中各个系统安装了各种“感觉器官”和“神经系统”，而云计算则是使城市有了统一的“大脑”。所以，以新一代信息技术为基础的智慧城市是各种新型城市的“软件”。

新型建筑材料

新型建筑材料是区别于传统的砖瓦灰砂石等建筑材料的新品种，包括的品种和门类很多。从功能上分，有墙体材料、装饰材料、门窗材料、保温材料、防水材料、黏结和密封材料，以及与其配套的各种五金件、塑料件及各种辅助材料等。从材质上分，不但有天然材料，还有化学材料、金属材料、非金属材料等。

以上只是一般的新型建筑材料，作为新型城市的建设，尚需要大量用于桁架结构的高强材料，以及耐海水腐蚀的结构材料。质轻、高强的合金材料，以及碳纤维复合材料等将会大有用武之地。

建筑机器人

日本在1978年研制成功了世界上第一台建筑机器人后，已开发研究出隧道挖掘机器人、钢梁防火层喷涂机器人、混凝土地面修磨机器人、混凝土喷射机器人、外墙面喷漆机器人、放射性混凝土切割机器人、建筑物钢筋铺设机器人和瓷砖检查机器人等。

一些科学家认为，在未来数十年中，智能化程度较高的建筑机器人，将无须人的任何指令，而作出正确的判断和动作，自行完成建造房屋、架设桥梁、挖掘隧道和运输等任务。这些具有“多路存取”功能的机器人，内置有微机电

机器人清洁窗户

系统传感器、接收卫星和与其他机器人信息交流的接收器、作出判断的智能化程序等。在机器人之间能相互交流信息，无须人的指令，便可完成同一建筑项目的装配工作。这种巨型的建筑机器人，可将建房构件从地面提起，自行将它们安装到房屋的框架结构上。当某一项目完成后，它可自行将自己拆卸，以便运到新工地。到达新工地后，它又可自行将自己组装起来，承担新的工作。

智慧城市

什么是智慧城市

智慧城市由新一代信息技术为支撑，是知识社会的城市形态。智慧城市以互联网、电信网、广电网、无线宽带网等网络组合为基础，以物联网、云计算等新一代信息技术为核心，以智慧技术、智慧产业、智慧服务、智慧管理、智慧生活等为重要内容的城市发展新模式。

"智慧城市"的构建，是把感应器嵌入和装备到建筑、城市交通、供电、供水、供煤气以及城市排污等各种设备和物体中，而且被普遍连接，形成物联网，并通过超级计算机和云计算将物联网整合起来，实现人类社会与物体系统的整合。"智慧城市"是以一种更智慧的城市软件为系统的。

智慧城市的特征

全面透彻的感知

城市有了全面透彻的感知，就相当于人体有了眼、耳、鼻、舌、身的感觉器官。通过传感技术，实现对城市管理各方面监测和全面感知。智慧城市利用各类随时随地的感知设备和智能化系统，智能识别，立体感知城市的环境、状态、位置等信息的全方位变化，对感知数据进行融合、分析和处理，继而主动做出响应，促进城市中各个关键系统和谐高效地运行。

如从个人的体检数据到公司的财务资料或城市的交通状况等多种信息，都可以被快速感知和获取，并进行分析，便于立即采取应对措施和进一步的规划。

宽带泛在的互联

各类宽带有线、无线网络技术的发展，将个人电子设备、组织和政府信息系统中收集和储存的分散信息及数据连接起来，进行交互和多方共享，为城市中物与物、人与物、人与人发生全面互联、互通、互动，为城市中各个系统随时、随地、随需、随意的信息应用提供了基础条件。宽带泛在网络作为智慧城市的“神经网络”，极大地增强了信息获取、实时反馈和智能服务的能力，使得工作和任务可以通过多方协作，得以远程完成。

智能融合的应用

新一代全面感知技术的应用，增加了城市的海量数据。基于云计算，实现对海量数据的存储、计算与分析，大大提升了对决策支持的能力，构成智慧城市的“大脑”。

以人为本的可持续创新

智慧城市的建设尤其注重以人为本、市民参与、社会协同。注重从市民需求出发，汇聚公众智慧，不断推动用户创新、开放创新、大众创新、协同创新，实现经济、社会、环境的可持续发展。

智慧城市的构成

智能交通

通过建设“数字交通”工程达到智慧交通的目的，这是通过监控、监测、交通流量分布优化等技术，建立以交通诱导、应急指挥、智能出行、出租车和公

城市交通监测

交车管理等系统为重点，以确保交通运输的安全、畅通。

当今世界交通领域的三大难题是交通安全、交通堵塞及环境污染，尤其以交通安全问题最为严重。根据权威专家的预测，智能交通系统实施后，可有效提高交通运输效益，使交通拥堵率降低30％，油料消耗减少35％，废气排放减少26％，延误损失减少15％～25％，车祸降低60％～80％。

当物联网技术应用到智能交通后，在高速公路、大桥、隧道的收费口上，不必像以前那样排队领卡和交费，当你的汽车通过路口时，传感设备会自动识别你的车，在你银行账户上直接扣费。这个智能交通系统实施后，可以为车主节省时间，也减少了交通拥堵。

现在交通管理中已经使用的路面拥堵情况通报公示标牌，就是智慧交通的简单运用。

智能建筑

所谓智能建筑，是指集楼宇管理自动化、办公自动化和通信自动化于一体的现代化建筑。它将计算机技术、通信技术和建筑艺术有机结合，能够为用户创造一种舒适、安全、节能、便捷的工作和生活环境。其实，智能建筑就是给有着“骨骼”和“肌肉”的传统建筑加上聪明的“头脑”和灵敏的“神经系统”的现代先进建筑。

人类的智慧来自聪明的头脑，而建筑的智能也是出自其发达的“大脑”——电脑。大脑通过神经系统控制身体的各种器官，而智能建筑的“神经系统”就是大楼内的综合布线系统。综合布线系统是将楼房内所有的电话线路、电视线路、网络线路、电力线路及监控线路等，经过统一规划和设计，综合在一起排布，并连接着楼内几乎所有的设备和器具。

智能住宅的家庭布线系统，是连接包括电视、音响等娱乐视听设备和微波炉、浴缸、电话、灯光照明等居室器具在内的各种家居用品。这样，“大脑”就能通过“神经系统”对整座房屋的各种“器官”进行整体控制。

智能建筑能够满足现代人生活中的所需，并能够提供无微不至的服务。

现代化的城市是一个复杂的大系统，它是由诸多子系统组合而成的。除了交通运输和城市建筑外，它们还包括：城市综合管理、公共服务、安居服务、商业和物流、金融、教育和文化、医疗和健康保障体系等。而所谓智慧城市，就是城市中的各个子系统都要装上“感觉器官”“神经系统”和“大脑”，使之智能化。

我国智慧城市的建设

我国于2009年开启了智慧城市的建设，已取得了不俗的成绩。

北京

北京借助物联网向智慧城市转型涉及智能楼宇、智能家居、路网监控、智能医院、食品药品管理、家庭护理、个人健康与数字生活等诸多领域。北京有条件率先实现由传统城市向智慧城市的战略转型和提升，以打造世界级城市。

上海

上海建设智慧城市，于2010年已初显成效。如世博会已启用智能门票；为进一步推进水、电、燃气和通信等公用事业账单电子化，已开启了电子账单服务平台；2012年上海光纤到户覆盖能力和用户规模均达到了全国第一。

广州

广州在建设智慧城市方面，实现了医院各科室之间复杂医疗数据的整合和信息共享，让患者的“电子健康档案”真正发挥作用。在网络建设方面，广州充分依托覆盖全城的新一代宽带无线网络，加快智慧城市建设。

无锡

2010年，中国电信物联网技术重点实验室在无锡成立；无锡首批物联网应用示范工程，已通过专家论证和立项，这标志着中国第一个“物联网城市”在无锡启动。

另外，在南京、杭州、沈阳、武汉、合肥、昆明、成都等城市，也先后启动了智慧城市的建设，预期于2030年前后，便可基本建成智慧城市。

（周戟　吴沅）

立体城市

日本提出的立体城市

日本是世界上土地面积最为紧缺的国家之一，为此，在 20 世纪 80 年代末 90 年代初，日本科学家提出了各种立体城市的构想。其中有代表性的是 TRY2004 方案。

方案设想建造一座高耸的金字塔形空中城市。塔体为一巨型构架建成的空间，塔身结构的单元是各边长度均为 350 米的八面体巨型桁架。整座金字塔城分为八个层次，各种建筑物及空中花园和公园等布置有序。居住区被布置在靠近外边，借以最大限度地享受日照、通风和绿化。

八面体单元的构件和节点，用高强度、高韧性和高耐久性的碳纤维等新型轻质复合材料建造，由机器人建筑队施工。

塔内人员的交通由两个系统有效地运营，一个是由电梯所构成的运输系统，以保证垂直空间的沟通；另一个是设于水平管道中的新型运输系统，负责水平面的交通运输。管内分隔出一小部分用作步行道及与之平行的自动人行道。

此外，还有“立体城市 1000”方案、“黄金时代之塔”方案、“X - SEED - 400”方案等多种方案。其中有的被设计成多层高空人工地面；有的设计成“空中高原”。计划于 2015 年，这许多奇思异想将纷纷建成并投入使用。至 2030 年，几乎所有的大城市中将都是立体城市耸立，正如工业时代摩天大楼林立的局面一样。实际上，日本关于立体城市的方案并未能按预期的计划实施。故热衷于立体城市的设计者们转向中国，帮助北京万通立体之城有限公司的冯仑先生，完成建设立体城市的宏愿。

中国提出的立体城市

随着近年来中国经济的快速增长，城市化进程加快。目前，中国每年有

交通拥堵

大量人口由农村涌入城市，造成了诸如土地资源紧缺、环境污染、生态破坏、交通拥挤等一系列城市化矛盾和挑战。

立体城市正是基于对中国城市发展问题的深入思考，在产业主导下，契合中国快速城市化进程的一种综合解决方案。立体城市坚持竖向发展、大疏大密、产城一体、资源集约、绿色交通、智慧管理等六大规划策略。以改善现有城市的低密度倾向，提高城市土地使用效率。立体城市要建成城市中大部分劳动人口可本地就业，实现节地、节能、集约高效且生态宜居的新型城市。

立体城市六大规划策略

竖向发展 将城市的发展从“摊大饼式”向“三维立体式”转变。联合国 1996 年人居会议就指出，紧凑城市是低碳城市的未来方向。即把原有平面无序延展的城市，集中并向空间方向拉伸，以高效利用土地。将被解放出来的城市空间还原于自然与城市农业，有效节约耕地，尽量保留原有的地貌及优良植被，为当地的动植物保留生态通道、湿地，保持生物多样性，突出“生态、健康”的理念。

大疏大密 立体城市总体分为两部分：在外围田园区范围，是农民集中居住、公共配套完善的现代农业为主的新型现代农村，这是属于“疏”的部分。在都市区范围内，是集高端服务业、绿色低碳、和谐生活、持续发展、先进技术于一体的微型城市。相比传统城市，立体城市的核心区集中紧凑，密度适中。

产城一体 立体城市遵循产城一体的规划理念，以医疗健康产业、现代农业、IT 等特色产业以及各项新兴产业为主导，实现产业复合、规模适当、职住平衡、服务配套的空间组织方式，保证立体城市居民中大部分的劳动力人口可获得本地就业机会以及对周边区域经济的积极影响。

资源集约 立体城市基于可持续城市建设，在低能耗、可持续方面引入新型能源供给系统、真空垃圾处理系统，以及节能环保产业等。

绿色交通 立体城市鼓励绿色出行，其交通规划的基本原则就是以步行环保为主旨，绿色代步工具为辅助，街道的设计理念立足于便于步行、骑车、交流或者流动商业，保证步行的舒适安全，降低事故，减少噪声和废气排放。

智慧管理 在立体城市的管理中嵌入前沿智能管理系统，为城市提供交通、电力、建筑、安全等基础设施和医疗健康、都市农业等支柱产业以及为城市居民生活提供全域性智能化服务，从而提升城市生产、管理、运行的现代化水平，建成立体的智慧城市。

立体城市设想

北京一家立体之城投资有限公司设想了一种可持续发展城市的整体操作系统，该系统由研发、融资、资产管理、产业经营、城市管理五大平台组成，将创新城市规划、节能型基础设施建设、智慧管理系统等前沿技术串联、融合，凝聚成智慧金字塔结构，探索出一条新地产、新建筑、新生活模式的全新城市建设道路，带给居者一种简约绿色的前沿生活方式。

地下城市

地下城市的发展

自从 1863 年英国伦敦建成世界上第一条地铁开始，国外地下空间的发展已经历了相当长的一段时间。从大型建筑物向地下的自然延伸到复杂的地下综合体，再到地下城，地下建筑在旧城的改造再开发中发挥了重要作用。同时地下市政设施也从地下供、排水管网发展到地下大型供水系统，地下大型能源供应系统，地下大型排水及污水处理系统，地下生活垃圾的清除、处理和回收系统，以及地下综合管线廊道。

与旧城改造及历史文化建筑扩建相随，在北美、西欧及日本出现了相当数量的大型地下公共建筑：有公共图书馆、会议中心、展览中心以及体育馆、音乐厅、大型实验室等地下文化体育教育设施。

近年来，由于盾构隧道掘进机的广泛应用，使地下城市的建设开始进入快速发展期。一些地下空间利用较早和较为充分的国家，如北欧的芬兰、瑞典、挪威和日本、加拿大等的地下城市，正从某个区域的综合规划走向整个地下城市的综合规划。而且各个国家的地下空间开发利用在其发展过程中形成了各自独有的特色。

各国的地下城

中国对地下空间的利用发展较晚，在建设美丽中国的进程中，应学习和借鉴其他国家的经验，充分利用地下空间以缓解土地资源的紧缺。

废矿地下城市

波兰克拉科夫附近的盐矿，11 世纪起进行开采，14 世纪已成为赫赫有名的旅游景点。盐矿深 327 米，长度超过 300 千米，其中不乏房间、礼拜堂、地下湖泊等。这座盐矿宛如一座地下宫殿，盐矿顶部挂着多盏盐质的华丽吊灯，内部还燃有许多蜡烛。矿洞内有一尊保罗二世教皇的真人尺寸塑像，洞

波兰克拉科夫的地下盐矿

壁上则是《最后的晚餐》的浮雕画。

澳大利亚南部的库伯派蒂镇是货真价实的地下城市。这座城市以猫眼石矿著称，由于室外温度很高，所以大部分居民都居住在从岩石上开凿出来的地下城市里，里面有商店、教堂、酒店甚至游泳池，舒适且便利。

从波兰与澳大利亚的经验来看，利用废弃的矿井开发地下城市，是一个很好的主意。这不仅免除了开发地下城市时巨大的土方工程量，而且还可防止废旧矿井的塌陷，造成灾害。

日本：绵延526千米的地下城

日本国土狭小，城市用地紧张。1930年，日本东京上野火车站地下步行通道两侧开设商业柜台，形成了“地下街之端”。

至今，地下街已从单纯的商业性地下街演变为包括多种城市功能的地下综合体。综合体有交通、商业及其他设施共同组成。

据统计，日本已在26个城市中建造地下街146处。日本的地下城在世界上是兴建数量居于前列的国家之一。于21世纪初，日本全国地下共通空间总长已达到526千米。

日本比较重视地下空间的环境设计，无论是商业街，还是步行道，在空气

蒙特利尔的一条地下隧道

质量、照明乃至建筑小品的设计上均达到了地面空间的环境质量。在地下高速道路、停车场、排洪与蓄水的地下河川、地下热电站和防灾设施等市政设施的建设方面，日本充分发挥了地下空间的作用。

加拿大：发达的地下城

加拿大的多伦多和蒙特利尔市，有很发达的地下城，其中蒙特利尔的地下城是世界上最大的地下城系统，它以其庞大的规模，方便的交通，综合的服务设施和优美的环境享有盛名，保证了那里在漫长的严冬气候下各种商业、文化及其他事务交流活动的进行。

蒙特利尔地下城目前拥有总共 32 千米长的地下隧道，地下城的总覆盖面积已达到 12 千米^2。与其连接的设施包括地铁、大大小小的购物中心、公寓、旅馆、银行、体育馆、办公大厦、大学、博物馆、7 个地铁站和 2 个市内轻轨列车站和长途汽车站等。地下城一共有 120 个地上出入口，与这些出入口连接着的包括蒙特利尔市中心 80%的办公面积和 35%的商业面积。在冬天大概每天有 50 万人使用地下城的各种设施。因为地下城，蒙特利尔有时被称为双层城市。

加拿大政府的地下步行体系说明，在大城市的中心区建设地下城，可以改善交通、节省用地、改善环境。

中国的地铁

目前，中国的北京、天津、香港、上海、广州、深圳、苏州等城市都有了地铁，还有许多城市的地铁也在紧锣密鼓地修建之中。因为地铁的舒适、快捷和便利，成为人们出行的重要交通工具，地铁就成为许多城市交通的重要组成部分，各地也出现了不同的地铁文化。

中国第一条地铁建在北京，1969 年北京地铁第一期工程投入试运营。目前，北京地铁总长 442 千米，有 261 个运营车站，覆盖 11 个市辖区。截至 2012 年年底，以运营里程计算，北京地铁是世界上规模最大的城市地铁系统；以客运量计算，北京地铁亦是中国大陆最繁忙的城市轨道交通系统。目前北京地铁的日均客运量在 800 万人次以上。

北京市还提出规划，到 2015 年实现“三环、四横、五纵、七放射”，总长 561 千米的轨道交通网络，其中不少是地铁。

从世界各地的地下空间发展来看，各个国家都有一个共同的特点就是以人为本，高效地利用空间，将能源、物流、运输以及排污集中在地下进行处理，为城市的地上空间预留了一片新天地。而与国外的地下空间发展相比，我国的地下城发展还有一定的差距，或许我国在建设美丽中国的进程中，再过 30～50 年，在上海、北京这样的一线城市，完整高效的地下城才不再是一个概念，而是与每个人生活息息相关的实体。

北京的天坛地铁站

海上城市

为了充分利用占地球面积70%的海洋，众多建筑师将发展的目光投向海洋，从钻井平台获得灵感，提出了在水上建立自给自足的漂浮城市的概念设想，并将在海上城市中建设包括学校、医院、商店、住房等设施。

日本科学家提出了一项在海面上建设一座可以容纳200万人的现代化城市的宏伟计划。该城市活像一个巨大的海上浮动钻井平台。整个构筑物分为4层，层间距为20米。最上面一层的住房、停车场、商店、飞机场等可供200万人使用；第二层为运输系统，主要行驶无人驾驶的自动火车；第三层是工业中心和科研机构；最下面一层安装遥控管线、下水道系统及生活服务设施等。支持着海洋城市的是约1万根巨大的空心浮柱。每根浮柱都装有贮水箱，用来平衡整个构筑物的巨大重量，每一个水箱都用电子计算机控制。

海上钻井平台

海底城市

20 世纪 90 年代初，在地中海马赛港的弗奥文岛海域，建成了一个可以在里面长时间生活和工作的海底住宅，该海底屋带有可停靠小型潜水艇的专门库房。这就是海底城市最初的尝试。这座法国设计的海底屋是一个圆球形建筑，屋内分上下两层，上层设有厨房、冷藏室、会议室、实验室等，下层是住房、厕所，还备有紧急用的减压仓。整个建筑沉入海底一百多米。

海底城市就是由多个这种巨型球体组成的。球体之间用圆柱筒连接构成通道，形成一个紧实的整体结构。海底城市的施工都由水下作业机器人完成。

海洋有足够的空间可以利用，特别是海底世界风平浪静，适合建立海底城市。许多国家和地方提出许多海底城市设想，迪拜提出建造世界上第一座水下酒店设想，该酒店内有 220 个豪华套房，里面还有一座水下娱乐城、一个水上基地以及连接这两部分的隧道。不过，由于 2008 年开始的全球金融危机，该项目实际上已被束之高阁。

笔者认为，在中近期，估计海底城市的发展不会太快，长期在海底居住，毕竟不方便。因此，海底城市大多将作为研究和开发海底资源的基地以及旅游观光之用。

迪拜在海中建设的人工岛

战略性新兴产业圆中国梦

ZHANLUEXING XINXING CHANYE YUAN ZHONGGUOMENG

海洋开发

开发海洋与圆中国梦

海洋开发就是开发人类的资源仓库。犹如阿里巴巴的“芝麻开门”。

海洋中有着丰富的矿产资源、水资源、能源和海洋食品等。

但是要开发海洋，需要在海水中作业，技术难度很大。工业时代的技术水平较低，故无法大面积地开发海洋。只有当新兴产业大发展后，才能开启海洋“仓库”的大门，为人类的“社会物质财富极大丰富”提供物质基础。

海洋中蕴藏着丰富的自然资源，是地球的资源仓库。

圆中国梦的物质基础是“物质产品极大丰富”，而生产所有的物质产品都需要消耗自然资源。如何使地球上的自然资源从有限向无限发展，开发海洋是关键。

矿产资源 海洋中的矿产资源是用之不尽、取之不竭的。除了锰结核和热液矿藏外，海水中还蕴藏着用不完的各种矿物元素，只是要设法浓缩和提炼。

所有新兴产业的发展都需要用装备，所有装备都是用材料制造的，而所有材料的生产都需要以矿产资源作为原材料。海洋开发能为各项新兴产业提供矿产资源。

淡水资源 海水淡化可以得到用不完的淡水。除了海水淡化外，人们还设法利用两极冰山的淡水，以及海洋中喷出来的淡水。

人们有了用不完的淡水，不仅生活用水、工农业生产用水可以敞开供应，还可用于绿化沙漠。

能源 新能源的开发虽然是以太阳能、风能、核聚变能、地热能等为主，海洋中的潮汐能、波浪能、海水温差能等只是辅助的新能源，但是大量的海洋石油和可燃冰仍是过渡时期的重要能源。不过，当新能源产业大发展，能源供应不再紧张时，海洋石油与可燃冰就不应再作为能源使用，而应该作为宝贵的化工原料，以发挥它们更大的使用价值。

土地资源 海洋的面积占地球表面积的 70%。当地球的陆地面积不够

海浪

用时，可以考虑向海洋要空间，由沿海向外海不断地拓展，使海洋也兴旺发达起来。

生物资源 海洋食品是美味可口、营养丰富的“蓝色食品”。目前的海洋渔业仍是以捕捞为主，这就相当于陆地上的采集、狩猎时代。一旦海洋农场、海洋牧场大发展，那么“蓝色食品”的供应将源源不断。

海洋开发为新兴产业的大发展提供了富饶的海洋资源，同时，新兴产业也为海洋开发配备了新型的钻井平台、深潜器和水下机器人等高端装备。这样海洋开发和新兴产业的发展互相促进，形成良性循环，加速了圆中国梦的进程。

海洋矿业

锰结核

锰结核也叫锰矿瘤，是洋底表层软泥中蕴藏的矿产，它颜色黑褐，呈团块状，长得像土豆，也像煤球，所以有人就把它叫作“海底煤球”。这种“海底煤球”大小不一，小的直径不到 1 毫米，大的可达几十厘米甚至更大，平均约 8 厘米。曾打捞到达 20 吨重的团块，这是已知最大的锰结核。

锰结核的成分以锰和铁为主，并含有铜、钴、镍等四十多种金属元素。其中锰、铜、钴、镍在目前技术条件下具有工业意义。

丰富的藏量

锰结核多分布在水深 4000～6000 米的海底，处于裸露或半埋藏状态，比较容易找到。海底锰结核总储量估计为 30000 亿吨，以目前的消费量计算，锰可供全世界用 33 000 年，镍可用 25 300 年，钴可用 21 500 年，铜可用 980 年，这实在是一些了不起的数字。

海底打捞出的锰结核样品

更令人惊叹的是，锰结核还在不断地生长，而且生长的速度很快，仅太平洋每年就生成 1000 万吨。单是从每年新生长的锰结核中提取的金属，每年都用不完，这很像人们只用银行存款的利息就用不完一样。再加上原有的储量，可以说大洋锰结核真是名副其实的取之不尽、用之不竭的资源了。

锰结核的开采指日可待

为了开发大洋锰结核，20 世纪 70 年代中期以来，世界上组织了若干“国际财团”进行资源勘探和采矿试验，在夏威夷东南水深 5000 米的深海底，人们用吸气法开采出了三百多吨锰结核。

为了把松散地分布在深水洋底的锰结核开采出来，关键的问题是要找到一种垂直提升装置，才能连续不断地把锰结核从海底取上来。目前最有希望的采矿装置有三种：一种是链斗式，一种是气压式，还有一种是水泵式。

锰结核开采技术发展得很快，锰结核的开采和利用指日可待。

公海资源如何分配

自从发现了深海锰结核具有商业性开采价值以来，就引发了一场激烈的争论。由于锰结核几乎都存在于谁也管不着的“国际海底”，那么该由谁去开采呢？

经过几番激烈的争论，最后达成共识，规定：任何一个国家，只要在锰结核调查方面投资 3000 万美元以上，探明 30 万千米^2 锰结核远景区，就可提出“先驱投资者”申请。申请经审查后，国际海底管理委员会就将 30 万千米^2 的一半，交给申请者开发。

我国从 20 世纪 70 年代开始进行大洋锰结核调查。经过多年的调查勘探，终于使我国获得了一块锰结核矿区的优先开采权。2011 年 7 月 30 日，我国“蛟龙”号载人深潜器顺利完成 5000 米级海上试验的下水任务，同时还带回海底锰结核样本，这是我国开发海底锰结核矿源迈出的重要一步。

热液矿床

海底热液矿床又称“多金属软泥”，含有铜、铅、锌、锰、铁、金、银等多种金属。其中金、银等贵金属的含量高于锰结核矿，被称为“海底金库”。海底热液矿床的发现，引起世界各国的高度重视。专家们普遍认为，海底热液矿是极有开发价值的海底矿床。一些深海探查开采技术发达的国家纷纷投入巨资研制各种实用型采矿设备。我国也把开采海底热液矿技术列为未来重点发展的高新技术之一，并在多处海域发现了热液矿。

迄今为止，全球发现有热液矿藏的地方越来越多，面积大约达到 1 亿千米^2。和锰结核一样，这种矿藏也会不断增长。仅每年增长的铜就有 5 万吨。可见，热液矿藏也是取之不尽、用之不竭的。

海底热液矿藏的生成周期较海底锰结核为短，且含有锰结核中没有的金、银等贵重金属，无论在开发技术上还是经济价值上都优于锰结核，许多国家都投入相当力量进行调查，研究开发方案，甚至成立公司试图开采。早在1979年红海沿岸的沙特阿拉伯和苏丹就成立了“红海委员会”，对红海热液矿藏进行了试采，他们从2200米的海底采到了这种热液矿。

由于这种矿藏是以金属软泥的形态出现，它既不是坚硬的固体，也并非易于流动的液体，而是有些像牙膏样的黏稠物，故只要先用电控振动筛将金属软泥与海水混合起来，使之成为比较稀薄的浆状，然后用抽吸装置抽取上来，再将水分除去，就可获得金属含量较高的浓缩物。而这些浓缩物，就可作为冶炼厂的原料来进行提炼。

德国已经研制成功一种开采设备，在采矿船下拖一根长2000米的钢管，管的底端装有抽吸装置，可把软泥吸上来，经过处理，就可得到浓缩的金属混合物。

海水中的矿产资源

在海水中除了含有大量的盐(氯化钠)外，还含有大量的各种化学元素。整个海洋中有金1400万吨，银4亿吨，铜42亿吨，铀45亿吨……但分摊到每升海水中其含量就很小了。如海水中虽然有1400吨金，但每升海水中只有0.4×10^{-5}毫克的金，怎样提炼？这里就有技术问题。

人们常用物理和化学方法富集所需的元素，现在生物技术将是很有前途的方法。植物中含有多种化学元素，如海带中富含碘，绿色植物中都含铁。最近有科学家发现，某种海生植物中含有金。这样就可以利用在海洋中种植富含所需元素的植物，然后再从植物中提炼该元素。利用基因工程，也许还可以提高海水植物中所需元素的含量。

海水提镁

由于镁既轻且坚，与锂结合成锂—镁合金后其性能更佳，因而在飞机、快艇、火箭和航天器的制造中唱起了主角。镁也称得上是海水中的精华，陆地上镁元素不多，海水中镁的浓度很高，仅次于氯和钠，整个海洋中的镁储量为1800万亿吨。世界上主要的镁生产大国约有一半的产量来自海水提镁，海水提镁前景广阔。

海水提溴

溴被人们称作“海洋元素”，地球上99%的溴都在海洋里。

溴的用处不小。红药水、安眠药、镇静剂、消炎止痛药、激素、杀虫剂和某些抗生素等药物中都有溴的身影。溴还是精炼石油、制造染料不可缺少的原料。

世界上生产的溴80%来自海洋。我国也成功地从海水中提取了溴，并建立了一批海水提溴工厂。但由于需求量大，特别是溴用于制造阻燃剂和高效灭火剂以来，常常是供不应求，为此仍不得不进口相当数量的溴和溴化物。

海水提钾

钾肥能促进农作物的光合作用，对农业生产十分重要，我国钾肥短缺，致使我国不少农田严重缺钾。而海水中的钾却非常丰富，是陆地钾盐储量的一万多倍。因此，大力开展海水提钾就迫在眉睫。

21世纪以来，我国河北工业大学研制成功“改性沸石钾离子筛”核心技术，使海水中的钾富集100倍以上，突破了一系列关键技术难题，开发出具有

盐田

原创性自主知识产权的技术，并成功地完成了海水提钾百吨级中试。利用上述技术成果建设的年产1万吨的海水提钾示范工程项目已于2006年8月建成投产。该工程的建成，标志着具有世界领先水平和我国原创性自主知识产权的沸石法海水提钾技术向产业化迈出了关键的一步。

海水制盐

我们每天都要摄入一些盐，否则，就不能正常生活。对于化工业来说，当今世界如果没有盐，那么，酸、碱、氯气、化肥、塑料等上万种化工产品恐怕就无法生产了。盐的用途广泛，消耗量很大，但不必担心，海洋里的盐非常丰富。绝大部分海水的盐度都在35‰左右，也就是说1000克海水中含有35克盐。这样算下来，整个海洋中的盐有5亿亿吨之多，把它们平铺在地球表面，地球就要盖上一层40米厚的“盐被”。

随着海水淡化产业的兴起，电渗析制盐法逐渐发展起来。这是一种新的制盐方法，它是利用海水淡化所产生的大量高浓度的卤水为原料来进行制盐的。电渗析法的优点是节省了大量的土地，而且不受气候影响，同时还节省人力，减少投资。生产每吨盐的基本投资，电渗析法只有盐田法的1/5。

海洋中的淡水资源

海水是咸的，为什么淡水资源也可以向海洋索取呢？这是因为海水可以淡化。

海水淡化

水是生命的源泉，地球上的生物圈离不开淡水。

地球表面70%都为水所覆盖，总水量十分巨大，多达13.86亿千米^3。如果这些水都能被我们所利用，地球上是不会缺水的。但是，其中97.5%都是咸的海水，能够为人类所利用的淡水只占2.5%，数量极其有限。而这有限的淡水，90%存在于两极的冰盖、冰川、冰雪中，以及埋藏在地层深处，难以被人们利用。因此，人类能够利用的淡水资源，充其量不过总水量的0.26%。虽然这是一个微不足道的数字，但也能满足人们的需求。遗憾的是人们对环境的污染使许多地方出现了水危机。现在世界上有一百多个国家处于缺水状态，有30个国家严重缺水。

基于这种情况，人们想到了向大海要淡水。最早想到的办法，就是海水淡化。

地球生物圈中，最缺水的、需要淡水最多的地方就是沙漠，淡水对沙漠也是最关键的要素。只要有了大量的淡水灌溉，那么沙漠也能绿化。

两极冰山

把两极的冰山拖来，利用它融化后的淡水。当有人提出该方案时，很多人认为这是天方夜谭。但以现在的科技水平而言，是可行的，而且其成本比海水淡化还要低。沙特阿拉伯对拖冰山很感兴趣，经计算，认为拖冰山每吨淡水的成本为50～60美分，而淡化1吨海水则需要80美分；美国认为若是拖冰山到加利福尼亚州，1吨水的成本只要30美分，比原来计划修建水管引

冰山

水的费用要便宜一半；澳大利亚距南极很近，对拖冰山的兴趣更浓。他们说，如果能拖一座中等大小的冰山，则可供 80 万市民用一年，成本是淡化海水的 1%。

不过，既然要拖，就得拖大一点的，太小了不合算。可是，一座长 1600 米、宽 300 米、高 170 米的中等冰山，大约有 1 亿吨重，大型拖轮少说也得几十艘，而且航速极慢。

有人建议，在冰山后面和两侧安装以核能为动力的强力推进器，前面再用少数几艘船作引导，认为这是最经济的方案。

拖冰山供淡水的方案虽然诱人，但还未见实施，因为除了牵引动力的难题外，还有环境问题也是一个有争议的方面。有人认为，随着全球气候变暖，人们担心冰川的融化会令海平面上升而淹没一些国家，而对冰山的利用可以减缓海平面的上升。从这个角度来说，拖冰山对环境是有利的。

然而，反对者表示，拖冰山很可能会导致一些环境危机，因为拖冰山热潮一旦出现，会对极地冰川造成破坏。把冰山拖到干旱地区，势必改变全球水气的分布情况，对气候的影响可能是负面的。

海洋能源

海底石油

开采海洋石油的现状

经过一百多年的勘探和开采，人类获取了大量的石油和天然气，对生产的发展起到了巨大的推动作用。但是，油气资源是不可再生的，现在陆地上的油气所剩不多了，于是人们把目光转向海洋。海底石油是埋藏于海洋底层以下的沉积岩及基岩中的矿产资源之一。海底石油(包括天然气)的开采始于20世纪初，但在相当长时期内仅发现少量的海底油田，直到20世纪60年代后期，海上石油的勘探和开采才获得突飞猛进的发展。

海洋油气产量虽然增长势头强劲，但经过近半个世纪的开采，近海海底石油储量越来越小，其增长势头于2010年达到高峰。正因为如此，人们又将眼光转向深水区，希望能迎来海洋石油开发的新时期。目前，在进行海上油气勘探的一百多个国家中，有五十多个国家在开展海洋深水区的油气勘探。

我国于2010年前后，海洋原油产量在5000万吨左右，到2015年，预计将稳定在这一数量。该产量占全国石油总产量的26%，海洋天然气产量占总产量的25%。到2020年，我国将成为海洋油气开发的强国。

各种油气平台

海上油气开发比陆地复杂得多，它需要不同的支撑设备。

钻井船　钻井船是把钻机搁在船上进行作业的海洋工程船，船中央开一个洞，架上高高的钻塔。钻井船的最大缺点是受海况影响太大，风浪、潮汐、海流会使船不停地摇摆、移动，给作业带来很大的困难。

自升式钻井平台　“自升式平台”是将几根钢柱插在海底，再用机械设备把平台升起来，离开海面，这样就可防止海浪和海流的冲击，作业基本不受海况影响。这种平台的最大缺点是作业水深受到很大限制，因为桩腿的长度不能过长，否则平台就会不稳。

海上石油钻塔

半潜式钻井平台　这种平台用几个大浮箱沉在海面下 20 米左右的深处，用几根钢质柱脚连成一体。由于风浪的波高随水深的增大呈指数递减，不管海面的风浪多大，在海面下二十几米深处，风浪总是很小的，沉在那里的浮箱就十分稳定。这样，海面上的平台也就不会有太大的摇晃了。

2010 年 2 月，我国上海外高桥造船有限公司建造的“海洋石油 981”号就是一个半潜式钻井平台。这台特大型装备“体重”超过 3.1 万吨，高 137.8 米，工作深度可达到 3000 米。

可燃冰

什么是可燃冰

“可燃冰”顾名思义是指可以燃烧的冰。冰怎么可以燃烧呢？原来这是一种埋藏在海底的奇特的“冰雪”，这种白色的冰雪是以结冻的海水为牢笼，将甲烷关闭在其中，里面是固化了的可以燃烧的天然气。人们把这种一半是水一半是燃料的海底冰雪称为“固体瓦斯”或“可燃冰”，并认定它也是海底的一种可以利用的能源。可燃冰的分布十分广泛，存在于水深几百米至三四千米的陆坡海域及大洋中。

可燃冰释放出的甲烷，比常规天然气的杂质要少得多，是一种更为清洁、对环境更少污染的天然气资源；它的能量密度很高，1 $米^3$ 所含的固体甲烷，气化后竟然高达 180 $米^3$，其能量密度为煤的 10 倍，常规天然气的 2～5 倍。

可燃冰的储量

可燃冰的储量大得惊人，它相当于世界上已经开采的和已知却尚未开采的石油、天然气和煤炭总储量的两倍。如此巨大的资源量使世界各国都迫不及待地尽快探查这种能源。美国在其东海岸大陆边缘的调查表明，该海域的可燃冰资源可以满足美国 105 年的天然气消耗；日本、印度等国都在其周边海域探到了大量可燃冰的储藏；中国也积极开展了可燃冰的调查研究工作，在中国近海发现了不少具有良好找矿前景的区域，并已于 2007 年在南海北部神狐海域采集到了可燃冰的实物样品。

开采可燃冰的风险

为了开采出这诱人的新能源，科学家们提出了三种技术方案。一是热解法，即通过钻井套管向海底可燃冰中注入热水或温度较高的表层海水，使可燃冰分解，然后通过另一套管把甲烷送到水面上；二是减压法，即降低可燃冰地层的压力，使气体分解出来；三是向矿层注入化学阻凝剂，使可燃冰气化。

但是这三种开采方案都有风险。因为可燃冰矿藏很不稳定，平时它储藏在高压、低温的状态下，如果遇热或是减压，处理不当，其所含的甲烷便会大量地泄漏。

甲烷一旦泄漏将会带来严重的后果。对环境来说，会增强温室效应，加剧气候变暖；另一方面，大量的甲烷混在海水中，形成水气混合物，此时，海水的密度显著降低，使航船突遭厄运；再则，甲烷气体迅猛上升，会使海水形成急速旋转的涡旋，进而产生强大的吸力，使飞机突然罹难；而且当甲烷进入大气时，飞临的飞机将会随时爆炸。

可见，可燃冰中虽然含有大量能源，但在没有找到安全可靠的开采方案前，人们还是不敢贸然地吃这一大块“烫山芋”。

海水中的铀

当前，世界上许多国家都十分重视原子能的开发，而原子能的能量是由铀原子裂变产生的。所以要发展原子能工业，就要有足够的铀。

然而，陆地上的铀很少，目前已探明的有开采价值的铀，总储量不过两百多万吨，而海洋中所含的铀却要多得多。每升海水中含铀虽然只有 3.3 微克，但因海洋水量巨大，整个海洋中铀的含量高达 45 亿吨，是陆地含量的两千多倍。

从海水中提铀的方法很多，主要有吸附法、气泡分离法和生物富集法等。

生物富集法是利用一些生物具有富集铀的能力而提铀的，已发现了有些海藻其富集铀的能力是海水中含铀量的 1 万倍以上。这些生物体内的铀，可用离子交换法再分离出来。

日本在 20 世纪 80 年代就建成了年产 10 千克的海水提铀工厂。德国、美国、瑞典等国的海水提铀装置也已在运行。

海水里不仅有铀，还有氘、氚和锂，它们和铀一样，都是核燃料。

海洋能源农场

海洋能源农场，就是到海洋里去“种”能源，也就是开发海洋中的生物质能。海洋中的生物质能主要是海藻。

海藻绝大多数是微小的浮游藻类，比较大型的藻类有海带、紫菜、裙带菜、石花菜等，这些都是营养丰富的固着藻类。海藻富含蛋白质、维生素和矿物质等营养成分，大部分可供人食用，在工业、医药上用途广泛，还可用作肥料。

在固着海藻中有一种特别巨大的海藻——巨藻。巨藻最长的甚至可达 500 米。它生长极快，幼藻一天能长 60 厘米，生活期长达12 年。

巨藻含有 18 种氨基酸，还含有一些食物营养中的微量元素，它的经济价值很高，不仅可作餐桌上的食物，还可用于食品添加剂、家畜家禽的饲料和养鱼饵料，而且还可用于提取甘露醇、碘、钾和生产塑料纤维板、肥料等。

巨藻磨碎、经细菌分解后，能产生甲烷，成为代替石油或煤炭的新能源。

这就激起人们种植巨藻，兴办海洋能源农场的热情。

据悉，美国政府在加州外海开辟了一片面积 400 千米^2 的海洋能源农场，专门种植巨藻。每到收获季节，用特制的采割船采割。它一年所产生的合成天然气高达 6 亿米^3，可供应 5 万人口的城市使用一年。美国有关方面乐观地估计，这一新的绿色能源，具有很大的发展前景，将来甚至可以满足美国全国对甲烷的需求。

巨藻

巨藻的分布并不很广，它主要生长在南、北美洲太平洋岸外浅海海域、澳大利亚、新西兰近海和南非沿岸近海。由于它显示出诱人的前景，所以，包括中国、日本在内的不少国家开始引种。

据估计，只要开辟面积相当于我国国土面积 2%～3%的海洋能源农场，其生产的甲烷就可满足我国目前可燃气的需求。

海洋中的能源除了矿物能源和生物质能以外，海洋里的波浪、潮汐都能发电，还有，利用海水不同深度的温差也能发电呢！

海洋牧场

当前的海洋渔业

海洋有多大？它相当于陆地面积的2.5倍。可是，人们从海洋里得到的食物却非常少。迄今为止，我们吃的食物，只有1%是海洋所作的贡献，其余的99%都是从陆地上得来的。在陆地上，人们早已从采集和狩猎的原始状态，发展到了种植和养殖的现代农业。但是，在辽阔的海洋里，人们得到海产品的方法基本上仍然是陆地上原始时期的状态，也就是说，只能采摘，不能栽培；只能捕猎，不能增殖。

人们用强化捕捞的方法，采用先进的捕鱼技术，增加渔船，从近海向远洋发展，但结果并不显著。从20世纪初到21世纪初，渔船数量有了几倍、几十倍的增加，捕捞方法也有了许多改进，可是，渔业增长率却没有提高。原来这是由于捕捞过度所造成的。

2011年，世界人口已达到70亿，可是每年从海洋里得到的水产品总共不过1亿吨左右，这是一个很小的数字，应当改变现状。8000年前，人类从狩猎向畜牧转变后，养活同样多的人口，只需要以前所用土地的5%。同样道理，在海洋渔业领域里也需要来一场革命，使海洋也像陆地上那样，跃入一个“耕海”的新时期。

人工渔礁

人工渔礁是由于人们发现在海底投放一些废弃物，能引来鱼群，从而为鱼群建造的“家”。

最初，渔民发现在沉没的军舰附近，引来了不少鱼群；以后又发现在石油钻井平台周围也引来了鱼群。由此启发，人们在海中投入了废轮胎、废旧汽车、水泥块等废旧物品做试验，捕鱼量竟增加了十几倍到几十倍。这说明了沉在水中的物体的确有诱集鱼群的作用。这个作用能给四处漂泊的鱼儿提供一个固定的“家”，将它们聚集起来，成为牧场里第一代居民。

什么样的渔礁更受鱼儿们的欢迎，能吸引更多的鱼呢？各色各样的渔礁应运而生，有废车船渔礁、石头渔礁、木筐树木渔礁、水泥块渔礁和轮胎渔礁等。其中水泥渔礁最引人注目，因为它不仅经久耐用，而且引来的鱼群又多。但美国人热衷于用旧轮胎建造人工渔礁。他们认为旧轮胎比水泥块便宜60%，耐用的程度不比水泥块差多少。

海底沉船

我国是一个沿海国家，海岸线长约18 000千米，而且浅海面积十分广阔，很适宜建造人工渔礁。到20世纪90年代，大陆沿海已有8省市的23个县投放了各种大小渔礁近9000个。10年来的试验表明，效益是很明显的。

海洋牧场

兴建海洋牧场必须解决三大问题。其一，怎样才能把鱼儿管住，使它们不能逃离牧场；其二，牧场里的饵料从哪里来；其三，怎样使“鱼儿”顺利地繁衍后代。

牧场的安全防线

为不使鱼儿从牧场跑掉，有人想到建一座堤坝式的水中围墙，把鱼儿围起来。但试验结果是由于围墙阻断了海水的流通，使牧场变成一潭死水。使鱼儿们大批死亡。

牧场的设计师们想出了另一个奇特而巧妙的方法是建造一座由珍珠般的气泡组成的帷幕。这些气泡是从铺设在牧场四周海底的一圈橡皮管或塑

海豚

料管里浮泛上来的。气泡帷幕并不阻碍牧场内外的海水自由相通，故可让海水永远保持新鲜，但对鱼儿们只能起恐吓作用，还不能完全阻止鱼儿外逃。于是一道道声音防线又在牧场四周布置起来。声音不但能诱集鱼群，也能吓退鱼群。诱集鱼群时用的是它们喜欢的声音，而吓退鱼群时利用的则是鱼儿们讨厌和害怕的声音。

气泡帷幕和恐吓的声音还都是消极的，为此牧场又加了一道“警犬”防线。海洋牧场的“警犬”是经过训练的海豚。海豚们日夜在牧场外巡逻，要是有谁敢逃出牧场，就立即把它追回来，如果对方拒捕，“警犬”有权将之当场咬死，当作一顿美餐。

饵料来源

海洋牧场的发展是越办越大，鱼儿的饵料必然也是大量的。显然，用人工投放饵料是不合算的，必须想办法就地取材，在海洋里培植饵料。

人们设想栽培浮游植物，因为浮游植物是海洋里最基础的饲料。尽管大鱼吃小鱼、小鱼吃虾米，到头来，都是靠浮游植物。在海洋里培植浮游植物需要把海洋深处的肥水带到海洋牧场来，肥水养育大量的海藻和其他的浮游植物，形成了海洋中的食物链，就可给鱼儿们提供饵料了。

要想把海底的肥水引到牧场来，只要在牧场里建设一个人造岛屿，借着海风造成的海流，就能在岛屿的周围造成海水的上升流，上升流可把海底的肥水引到海洋牧场。但由于海水的上升流时强时弱，为此还需要准备许多抽水机，当肥水不足时，可直接把海底的肥水抽到牧场来。

繁衍后代

鱼类的生育方式是体外受精，在自然环境中，受精鱼卵的成活率极低。海洋牧场为提高鱼儿们的孵化率，兴办了牧场苗种基地。在苗种基地里，设置了亲鱼池；有专为鱼儿们催情、接生的人工孵化站；还有牧场幼儿园——幼鱼池。等小鱼养到一定的规格，就用吸鱼泵吸入专门装运鱼苗的车船内，运到海洋牧场投放。

鱼群

海洋空间的利用

海洋既蕴藏着丰富的能源、矿物资源和生物资源，还拥有辽阔的可利用空间。海洋空间指的是海上、海中、海底三部分。把海洋空间作为海洋开发的一部分是20世纪60年代以后才开始的。

海洋空间的利用主要包括五个方面。

生产利用　在海上建造各种电站、各种工厂。

交通运输利用　海上运输线、海上机场、海底管道、海底隧道、海底电缆、跨海桥梁等。

储藏利用　海上和海底储油库、海底仓库等。

居住及娱乐利用　海上城市、海底公寓、海上公园等。

军事利用　包括海底导弹基地、海底潜艇基地、海底兵工厂等。

目前有不少国家正在兴建海上工厂，功能各异，有海上波浪发电厂、海上温差发电厂、海上石油冶炼厂、海水淡化厂、海上垃圾处理厂等。

人们之所以热衷于兴建海上工厂，这是因为，海上工厂与陆地工厂相比，具有不占陆地面积、原材料可以就地取材、便于建造和管理等优点。根据测算，海上工厂的建设成本比陆地上要低10%～30%。

当今的海上工厂虽然种类繁多，但是建造方式主要用柱基式、着底式和平底船式三种。

新加坡有一个农场主，将一艘报废的远洋货船改装成一个海上浮体奶牛场。这个奶牛场饲养奶牛六百余头，饲料来自海水中的海藻，牛的粪便和船上的垃圾用来生产沼气，再用沼气发电驱动海水淡化装置。

日本在海上建造了废弃物处理厂，日处理垃圾1万吨。

在德国，人们建造成了一座日产1000吨氨的海上浮动工厂。

（雷宗友　周戟）

主要参考文献

1. 雷宗友. 富饶的海洋资源. 上海：上海科学技术文献出版社，2012.

2. 黄民生. 科学原来如此——环境. 上海：上海科学技术文献出版社，2005.

3. 周戟. 21世纪的地球时代. 武汉：武汉测绘科技大学出版社，1999.

4. 周戟. 和谐哲学初探. 上海：学林出版社，2010.